ReX

Real estate
Transformation

不動産
トランスフォーメーション

板谷敏正
ITAYA TOSHIMASA

幻冬舎MC

不動産トランスフォーメーション

はじめに

日本の不動産市場が活況を呈しています。総合不動産会社ＪＬＬの調査によると、２０２３年における日本の不動産投資額は３兆３９４７億円となり、前年同期比４％増を記録。世界を見渡すとアメリカ大陸が55％減、ＥＭＥＡ（欧州・アフリカ・中東）が51％減、アジア太平洋地域は24％減となり、それぞれ前年同期を下回る結果となっています。このように世界的に不動産投資市場が停滞するなか、日本だけが唯一好調を維持しています。その背景には円安や日本の低金利政策による国内外の投資家の動きが活発化したことがありますが、東京を中心とした都市再開発の大型プロジェクトがいくつも進んでいることも後押しとなっています。

例えば、国家戦略特区に指定され容積率が緩和されている虎ノ門・麻布台地区には２０２３年に麻布台ヒルズがオープン、２０２８年には東京駅近くにトーチタワーが完成し、新たなランドマークが誕生します。このような動きは都会だけに限ったものではありません。地方においても企業の農地取得特例や認可地縁団体制度など、幅広い規制緩和を背景とした不動産活用によって地域再生の動きもはじまっています。

しかし、これでもまだ日本全体の不動産の価値が高まっているとはいえません。２０２４年の東京都の平均地価公示価格は１２２万５３００円／㎡と高値ですが、最下位の秋田県では２万５８９０円／㎡と大きな差がついています。実際に２０２４年の地価公示額の全国平均は25万５７８４円／㎡でバブル崩壊直前の１９９１年の73万８５８４円／㎡にピークを迎えたのち、暴落したままほぼ横ばい状況を保っているのです。

冒頭で述べた２０２３年の日本の不動産投資額３兆３９４７億円のうち、対象となるのは賃貸用オフィスやマンションなどの投資用不動産です。しかし国土交通省『国土交通白書２０２３』によると、日本の不動産価値は２９５６兆円もあるとされています。これは、賃貸用不動産に加え企業が所有する事業用の不動産、国や自治体が所有する公共施設やインフラ、さらには個人が所有する住宅や山林、農地などすべての不動産を含んだ総量です。賃貸用不動産だけでなくこのすべての有形固定資産を今よりもさらに活用することができれば、日本の不動産価値はまだまだ上がるはずです。

私は大学卒業後大手ゼネコンに入社、２０００年に社内ベンチャー制度を活用し、不動産管理向けクラウドサービスを展開する会社を設立。２０１８年にはマザーズへの上場も果たしました。現在は同社の代表取締役を務めながら早稲田大学大学院客員教授として企業不動産の所有・活用における研究を続けています。これまで研究者として、また経営者として不動産の管理や経営の最前線に関わってきた知見をもとに、日本経済復活の突破口ともなる不動産活用の新たな潮流を「不動産トランスフォーメーション」と名付けました。不動産トランスフォーメーションという言葉自体は日本でははじめてとなりますが、海外では大手コンサルティング会社などが企業不動産の所有や経営に関する改革手法として提唱をはじめています。

不動産トランスフォーメーションには大きく分けて次の５つの手法があると考えています。１つ目は容積率の規制緩和を背景とした空間の大胆な活用、２つ目はコンセッションやＰＦＩ法を背景とした経営主体の変換、３つ目はライフスタイルの多様化に対応したビジネスモデルの変更、４つ目は既存ストックの活用が挙げられます。そして最後に５つ目として１～４の手法を最大限支援するデジタルの活用、つまりＤＸがあるのです。いずれの手法も空間を提供する不動産自体の変革とそれに関連した経営改革の両面が伴うものです。

例えば古い街区や閑散とした地域を再生して新しい魅力のある施設群を建設することにより、その地域の資産価値は増大します。都心で展開されている1つ目の手法です。また、まったく逆のアプローチですが築年数が経過しているがゆえに価値がないとみなされていた施設を再生し、さらに長く活用する場合も資産価値が増大します。2つ目や4つ目の手法がこれに該当し全国に拡大しています。3つ目の手法は、テレワークの普及などに対応するためのシェアオフィスのビジネス化などビジネスモデルの変革です。この手法はいずれの不動産戦略にも活用されるべき考え方です。これらの実践により、不動産の資産価値を大幅に向上させる可能性があります。そして実物資産である不動産は、周辺街区や都市に対しても一定の経済効果を発揮します。

本書では、すでに日本で実現されている先進的な不動産トランスフォーメーションの事例をベースにそれを実現するための戦略や手法、そしてその効果について考察していきます。不動産トランスフォーメーションがさらに日本経済を活性化させる一助となれば、著者としてこれ以上の喜びはありません。

目次

第2章

大胆な戦略で不動産価値を最大化させる 不動産トランスフォーメーションとは

第３章

空中の利用、ワークプレイスの再構築、跡地の再活用……
不動産価値を高める５つのトランスフォーメーション

第4章

あらゆる可能性を秘めた不動産を変革し 日本経済を活性化させる

第1章

国内の不動産価値は2956兆円

日本の不動産が秘める驚異のポテンシャル

デフレを脱却したその先へ

２０２４年２月、日経平均株価の終値がバブル絶頂期を上回り、さらに３月には終値４００００円の大台を超えて史上最高値を更新しました。約30年ぶりに日本経済はバブル期以降の低迷を株価で越えることとなったのです。この株価上昇は今後、投資家たちによる資本市場への投資を活発にし、資金調達が容易になった企業の積極的な新規事業やイノベーションへとつながっていく可能性があり、これにより日本は経済成長が促進される局面へと移ることになるのではと期待されています。

しかし、まだまだ多くの問題点も残されています。２０２３年のガソリン価格は前年同期比で15％上昇、食料品価格も前年比で８・１％上昇するなど、家庭の負担は増しています。２０２３年から２０２４年にかけての円安誘導は、恩恵を受けやすい輸出企業には過去最高収益を与えましたが、その一方で労働者の実質賃金は数カ月連続で下降を続けており、国民生活の肌感覚ではいまだデフレの脱却には届いていないと感じるばかりか、むしろスタグフレーションに陥っているのではないかという懸念すらあるのです。

そのような複雑な経済状況のなかにあって、著しい回復をし続けている分野もあります。

不動産市場です。２０２３年の日本の不動産市場全体での投資額は約３・４兆円に達し、前年に比べて27％増加しました。この成長は海外からの投資だけではなく、特に東京や大阪などの都市部でのオフィススペースや住宅の需要増を受けて、商業用不動産や住宅市場に国内の投資家が多くの資金を投入していることが背景として考えられます。こういった活況は、昨今の新築マンション価格の高騰などにも表れているといえます。また、前述したように企業や国や自治体および個人が所有する施設、建物、土地などの日本の不動産ストックは２９５６兆円あります。豊かな資産ストックは国民の生活や産業を支えるとともに都市の地域の魅力形成にも寄与しています。これらの資産をさらに有効活用することが今求められているのです。

まだまだ余力の残る日本の不動産価値

東京では１００年に一度といわれる大規模再開発が進行しています。

２０２３年11月にビルとして日本一の高さを誇る麻布台ヒルズ・森ＪＰタワーが完成しました。メインタワーの最上階（64階）のペントハウスは２００億円超と日本一高額なマンションとして話題に上りましたが、決して一部の価格だけが上昇しているわけではありません。２０２３年には23区内の新築分譲マンションの平均価格は１億円を超え、東京の不動産市場は活況を呈しています。

大規模再開発プロジェクトについてはその他にも、日比谷公園周辺の超高層ビル群一体構想、リニア中央新幹線の始発駅として期待が高まる品川駅周辺などが複数進行しています。２０２６年には同駅西口の高輪エリアで大規模複合施設が整備され、隣接する高輪ゲートウェイ駅でも高層ビルの建設ラッシュが続きます。また、湾岸エリアではパレットタウンや東京五輪選手村など広大な施設跡地を利用した開発なども進んでいます。

こうした大規模再開発は周辺地区に影響を与えます。再開発による交通や公園、商業施設の整備などにより生活環境が改善され、周辺地区の不動産価格も上昇します。

しかしまだまだ水面下で進んでいるプロジェクトがいくつもあり、この先も東京の不動産価値は上がっていくと考えられます。さらに「点」で進行していると思われた不動産開発が高度な手法によって「線」で結ばれ、やがて大きな「面」となっていけば、再開発から外れた地域に関しても不動産の価値が高まり、東京全体の不動産市場はさらに拡大する可能性を秘めています。

2024年地価公示・都道府県ランキング

上位ランキング

順位	都道府県名	地価平均(円/㎡)	坪単価平均(円)
1	東京都	￥1,225,300	￥14,500,579
2	大阪府	￥343,229	￥11,136,640
3	京都府	￥302,068	￥820,556
4	神奈川県	￥234,840	￥933,942
5	愛知県	￥223,500	￥450,681
6	福岡県	￥175,269	￥745,661
7	埼玉県	￥173,528	￥217,145
8	宮城県	￥167,206	￥552,746
9	広島県	￥161,957	￥535,394

下位ランキング

順位	都道府県名	地価平均(円/㎡)	坪単価平均(円)
1	秋田県	￥25,890	￥85,587
2	青森県	￥30,138	￥99,630
3	鳥取県	￥33,791	￥101,707
4	山形県	￥35,000	￥112,258
5	茨城県	￥37,296	￥122,294
6	島根県	￥38,174	￥131,116
7	宮崎県	￥38,700	￥139,413
8	福島県	￥42,449	￥140,238
9	山梨県	￥42,509	￥140,525

地価推移

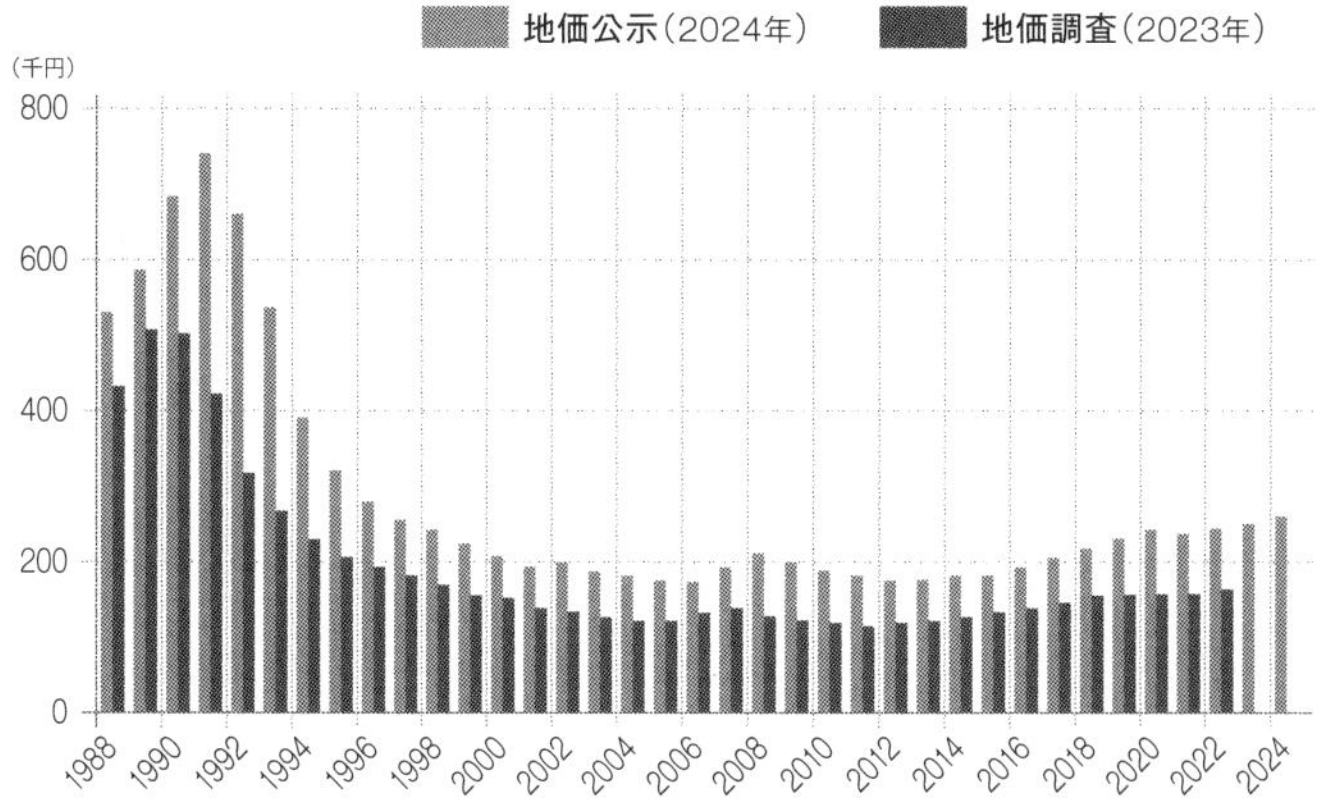

一方、日本全体で見ると地方を中心に国内の不動産価値は低位で推移してしまっており、地域による開きも大きいままです。２０２４年の地価公示額の都道府県別ランキングを見ると、東京都、大阪府、京都府の上位３つがすべて地価平均30万円／㎡以上と高くなっています。これに対して下位ランキングに目を向けると、1位の秋田県が2万５８９０円／㎡、2位の青森県が３万１３８円／㎡、３位の鳥取県が３万３７９１円／㎡となっており、各都道府県によって地価に大きな開きがあることが分かります。

２０２４年の全国の地価動向では、全用途平均の地価は前年比２・３％上昇と、バブル期以来33年ぶりの高水準となりましたが、１９９０年代初頭の地価公示額と比較するとまだまだ足元にも及ばない状況にあります。

日本の不動産価値は２９５６兆円

我が国の資産ストック量の推計は内閣府による「国民経済計算」が代表的な統計です。国際的な計算手法に準拠し、公共、企業、個人などそれぞれの経済活動をフローとストックで集計し毎年開示しています。国民経済計算によれば２０２1年末における我が国の全ストックのうち、金融資産は約９０００兆円で、有形固定資産などの非金融資産が約３５００兆円に達しています。国土交通省もこの国民経済計算を活用して有形固定資産のうちの不動産総額（２０２１年末時点）を集計しています。

ここからは２９５６兆円の不動産を所有する日本国、企業、自治体そして日本政府の順にその資産ストックの状況や財政状況について経営的な視点で分析していきます。

対象となる法人や団体の経営状況はバランスシート（貸借対照表）を見れば分かりますのでこれを利用します。バランスシートとは特定の時点における企業の財務状況を示したもので、資産と負債と株主資本に大きく分けられます。これら３つの間には次の等式が成り立ち、図に示すと20ページの図のようになります。

資産＝負債＋株主資本

バランスシートの左側に記される資産は、現金や売掛金などの流動資産と土地や建物、機械装置などの固定資産に分けられます。バランスシートの右側に記される負債とは銀行からの借入金や社債など返済義務のあるものです。同じく右側の株主などによって払い込まれた資本金や資本剰余金など返済義務のないものが株主資本（純資産）です。つまりバランスシートには、右側の資本をどのように使ったのかが、左側の資産状況に示されてい

バランスシートの等式

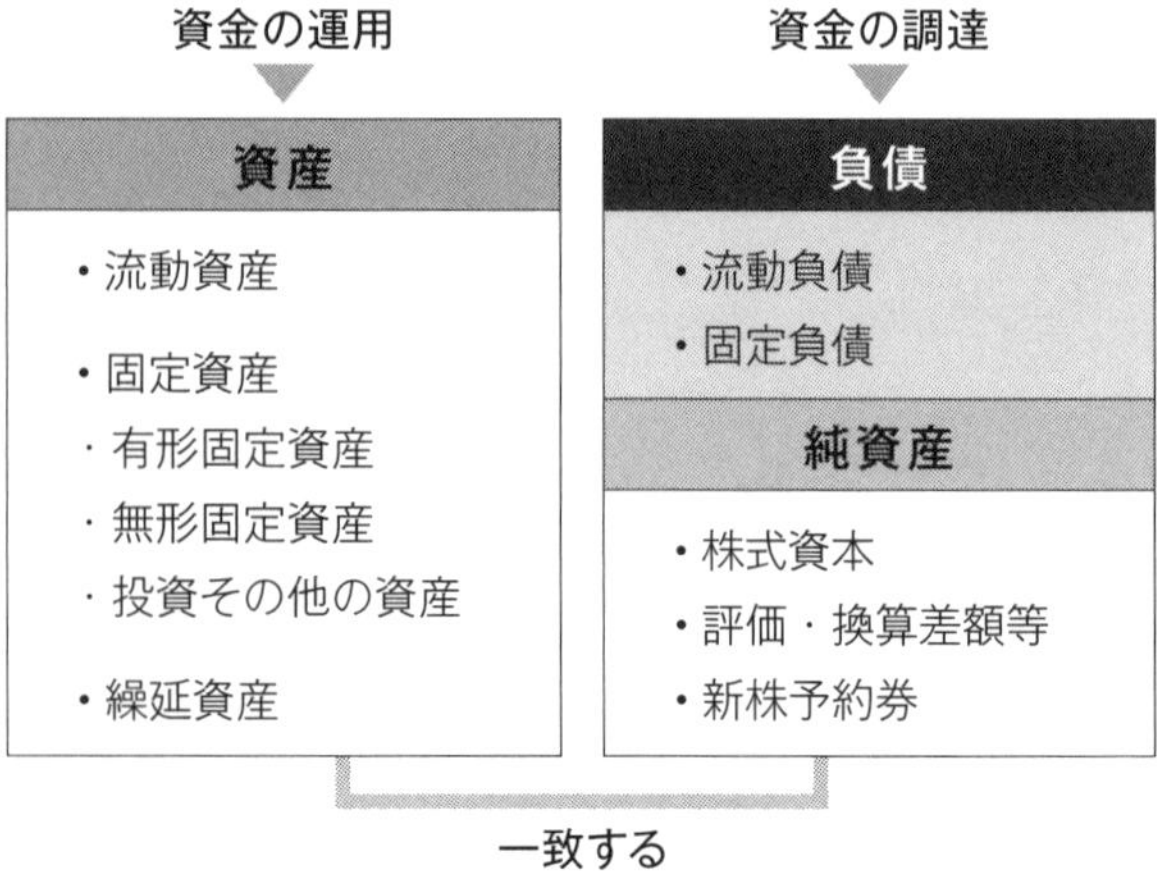

るのです。国民経済計算のストックの記録はまさにこのバランスシートと同じ考え方で作成されています。

日本全体の不動産ストックの状況と課題

政府、自治体、企業に個人をあわせた日本国全体の資産に目を向けると、次ページの図に示した数字が記されています（２０２１年末時点）。政府、自治体、企業に個人をあわせた国全体としては財政破綻を起こしているわけではなく、正味資産の大きさを考えれば決して悪くない状況です。長年の建設行為による建物

日本のバランスシート

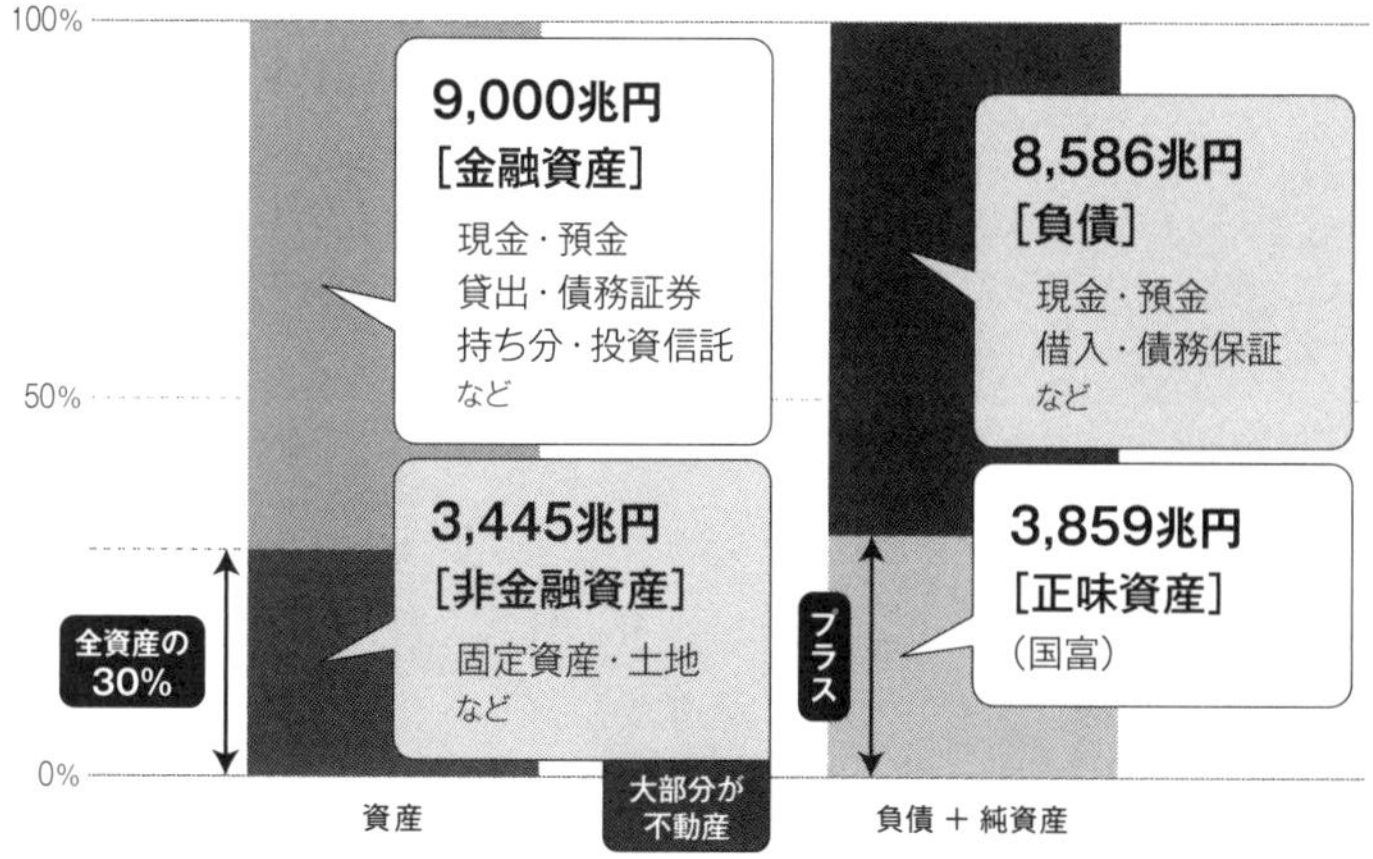

※国民経済計算は、我が国の経済の全体像を国際比較可能な形で体系的に記録することを目的に、国連の定める国際基準(SNA)に準拠しつつ、統計法に基づく基幹統計として、国民経済計算の作成基準および作成方法に基づき作成される。

内閣府「国民経済計算」を基に作成

やインフラなどのストックと長期的には上昇してきた土地のストックにより有形固定資産が蓄積されています。国のバランスシートにおいて特色となっているのは右側の正味資産です。これは国民がさまざまな生産活動により長年積み上げた国富であり３８５９兆円に達しています。企業でいえば資本金や長年の利益剰余金に相当する部分ですが、国民全体としてはＧＤＰの蓄積や資産の増額分の累計です。長年国民が額に汗して働いた生産活動によって培われたストックが寄与していることが分かります。

　非金融資産のなかでも不動産資産規

模は、約２９６０兆円です。このうちの５９０兆円程度が公的不動産、４３０兆円が法人所有不動産、残りは個人が持っているものと考えられます。

これらの不動産資産についても、償却年数による価値の減耗を考えると見え方が変わってきます。国民経済計算では資本の減価のうち解体やスクラップに伴う「除却」と資産の摩耗や老朽化に伴う「減耗」の両方が考慮されていますが、その減耗率については税法上の償却率を適用しさらに定率法を採用しています。定率法は一定のスピードで償却する定額法とは異なり加速して償却するため、かなり早い年数で大部分を償却してしまいます。高度成長期や平成のバブル時代に多くの資産が建設されたことを考えると、建物などの不動産の価値はないも同然の計算方法となります。逆に言えば建物や施設の価値を適正に評価すれば有形固定資産はもっと増加する可能性があるのです。つまり２９５６兆円よりももっと大きなストック量になるということです。多くの不動産が実際には使用され価値を生んでいるわけですから、考え方次第で不動産資産を向上できる可能性があるのです。本書ではこの部分の大きさを重要視しています。

償却済みとされている建物がどれほど残っているのかを推定してみます。東京都の都心

３区（千代田区・中央区・港区）のビルを対象として、データサイエンスの手法を用いて残存率を計算すると、次のような結果が得られています。

築35年ほどの建物……残存率95％
築45年ほどの建物……残存率90％
築60年以上の建物……残存率50％

ビルの計算上の償却年数は47年程度ですが、それを超えてもなお大多数の建物は残存し活用されているのが実態なのです。また、都心３区は比較的寿命が短いケースが想定されますので、地方や地域、公共施設や企業不動産などはさらに寿命が長くなると考えられます。つまり償却年数は全国的にもっと長めに想定するほうが、実態に適合する可能性があるのです。

もちろん重要なのは計算方法の変更ではなく、本当の国富の増加を獲得することです。築年数が経過していながら、今でも使い続けられている建物は貴重な財産ともいえます。これらを活用して新たな価値を生み出せば、そこから収益が得られます。つまりコストをほとんどかけずに、新たな収益化を実現できるのです。こうした不動産価値の再評価による価値創造が今全国で求められているのです。

トヨタ自動車のバランスシート

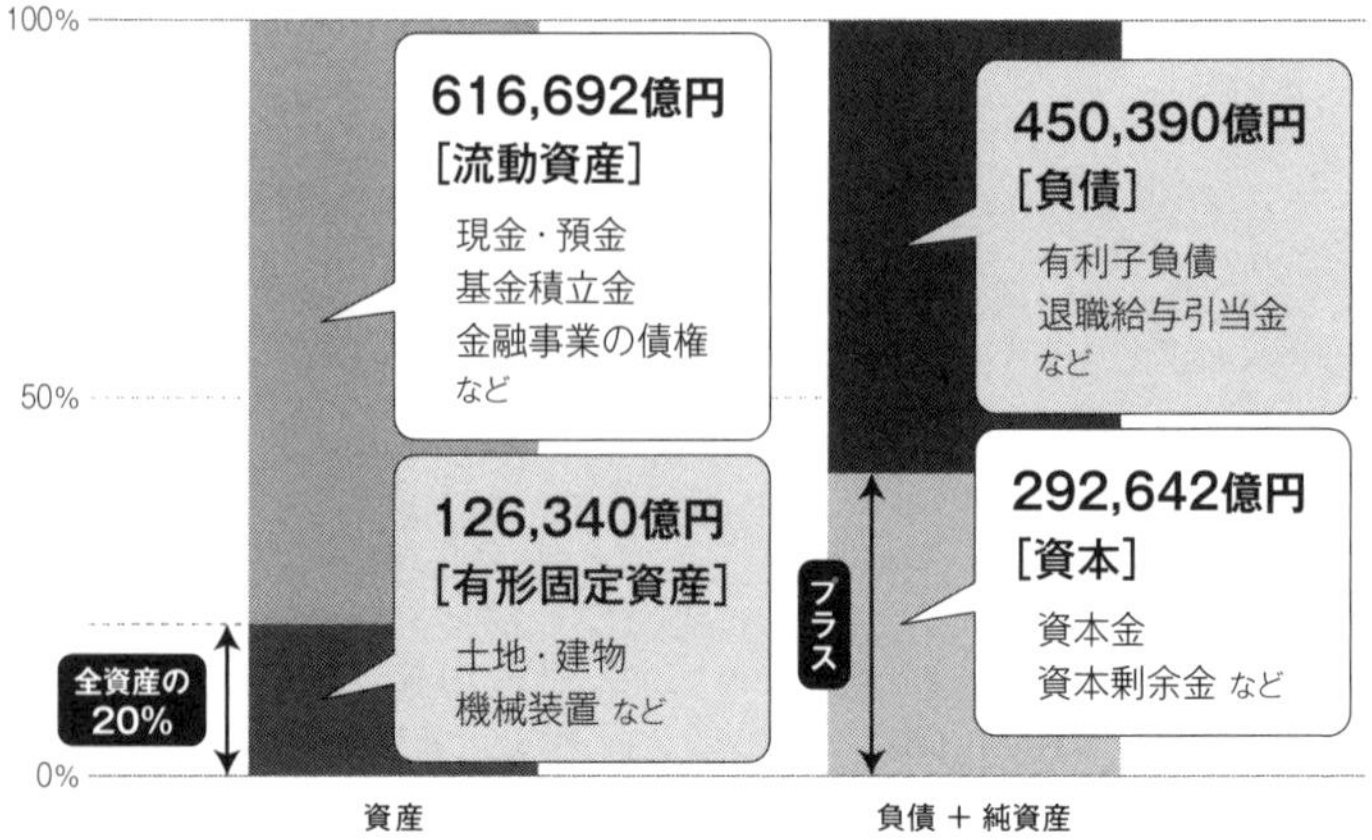

トヨタ自動車株式会社「2023年3月期 決算要旨」より作成

民間企業のストックと経営状況

次に示すのは、大手企業トヨタ自動車のバランスシートです。日本を代表するメーカーであるだけに、バランスシートからはとても健全な経営状況が読み取れます。負債の総額は総資産の6割程度に抑えられていて、残りは資本として多くストックされています。また固定資産は全体の2割程度に抑えられています。この有形固定資産の全資産に占める割合は筆者らの調査では10％から多くて40％くらいということが分かっています。また多くの企業はトヨタ自動車同様に有形固定資産だけでなく現預金を含む多くの流動資産を保有し、これを原資に新たな資産への投資や既存ストックへの再投資を実施することができます。

都道府県のバランスシートから見えてくる可能性

標準的な都道府県の例として静岡県を見ると、２０２１年度のバランスシートは次ページのようになっています。まず目を引くのが全資産に占める固定資産の割合は95％で、その内実はほぼ不動産となっています。この静岡県の状況は、東京都を除く道府県財政の平均像と考えられます。現預金などの流動資産はほとんどないに等しいので、将来のインフラや公共施設の更新や維持保全のための自主財源はほとんどないといえます。静岡県をはじめ多くの自治体は近年、総務省が提唱する「公共施設等総合管理計画」を策定し、予防保全や施設の統合縮小などを計画していますが、その財源に国からの補助や自主財源などを掲げています。しかしながらバランスシートを読み解く限りでは実現性は極めて低いと言わざるを得ません。

東京都のバランスシート

科目	2021年度	2020年度	増減額	増減率
<資産の部>				
流動資産	18,266	15,800	2,465	15.6%
現金預金	6,017	5,204	813	15.6%
収入未済	723	1,120	△396	△35.4%
不納欠損引当金	△44	△119	74	△62.7%
基金積立金	10,253	8,226	2,027	24.6%
短期貸付金	1,325	1,378	△53	△3.9%
貸倒引当金	△8	△9	1	△6.9%
その他流動資産	0	0	0	－
固定資産	337,688	339,419	△1,731	△0.5%
行政財産	80,854	80,898	△44	△0.1%
普通財産	15,127	15,240	△112	△0.7%
重要物品	749	765	△16	△2.1%
インフラ資産	150,246	149,720	525	0.4%
ソフトウェア	73	75	△2	△2.1%
リース資産	11	12	△1	△4.8%
建設仮勘定	13,635	13,060	575	4.4%
ソフトウェア仮勘定	7	8	0	△5.9%
投資その他の資産	76,986	79,641	△2,656	△3.3%
資産の部合計	355,954	355,220	735	0.2%

不動産

プラス

科目	2021年度	2020年度	増減額	増減率
<負債の部>				
流動負債	4,572	4,548	24	0.5%
還付未済金	21	22	△1	△3.6%
都債	3,428	3,381	48	1.4%
リース債務	2	2	0	5.6%
賞与引当金	1,120	1,136	△16	△1.4%
その他の流動負債	0	7	△7	△100.0%
固定負債	61,389	62,364	△974	△1.6%
都債	51,526	52,449	△923	△1.8%
リース債務	2	3	△2	△48.6%
退職給与引当金	9,491	9,541	△50	△0.5%
その他の固定負債	370	370	0	△0.0%
負債の部合計	65,961	66,912	△951	△1.4%
<正味財産の部>				
正味財産	289,993	288,308	1,686	0.6%
(うち当期正味財産増減額)	1,686	1,035	650	62.8%
正味財産の部合計	289,993	288,308	1,686	0.6%
負債および正味財産の部合計	355,954	355,220	735	0.2%

(単位：億円)

東京都公開資料を基に作成

静岡県のバランスシート

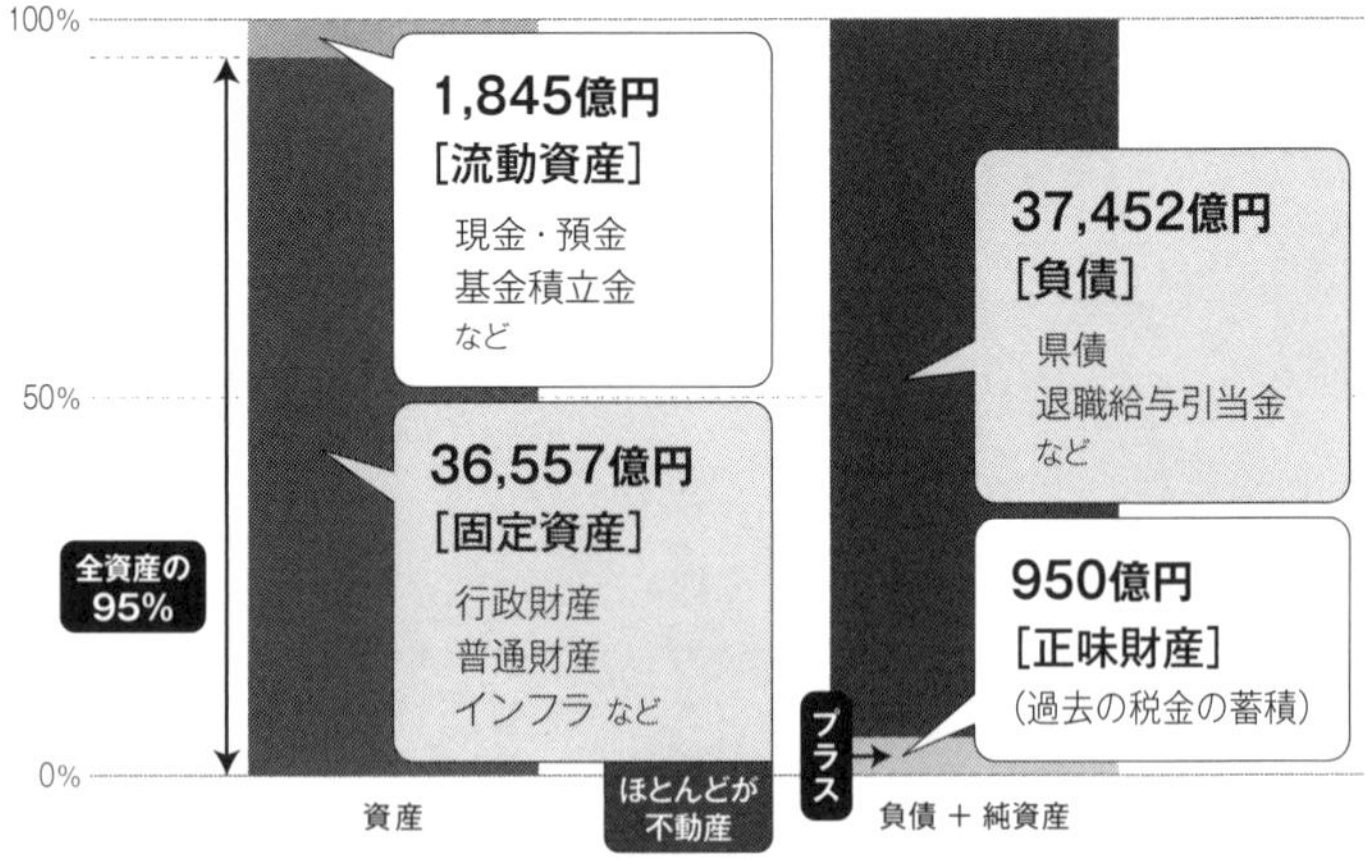

静岡県公開資料を基に作成

社会資本形成の次世代負担比率の都道府県別比較（2008年2月時点）

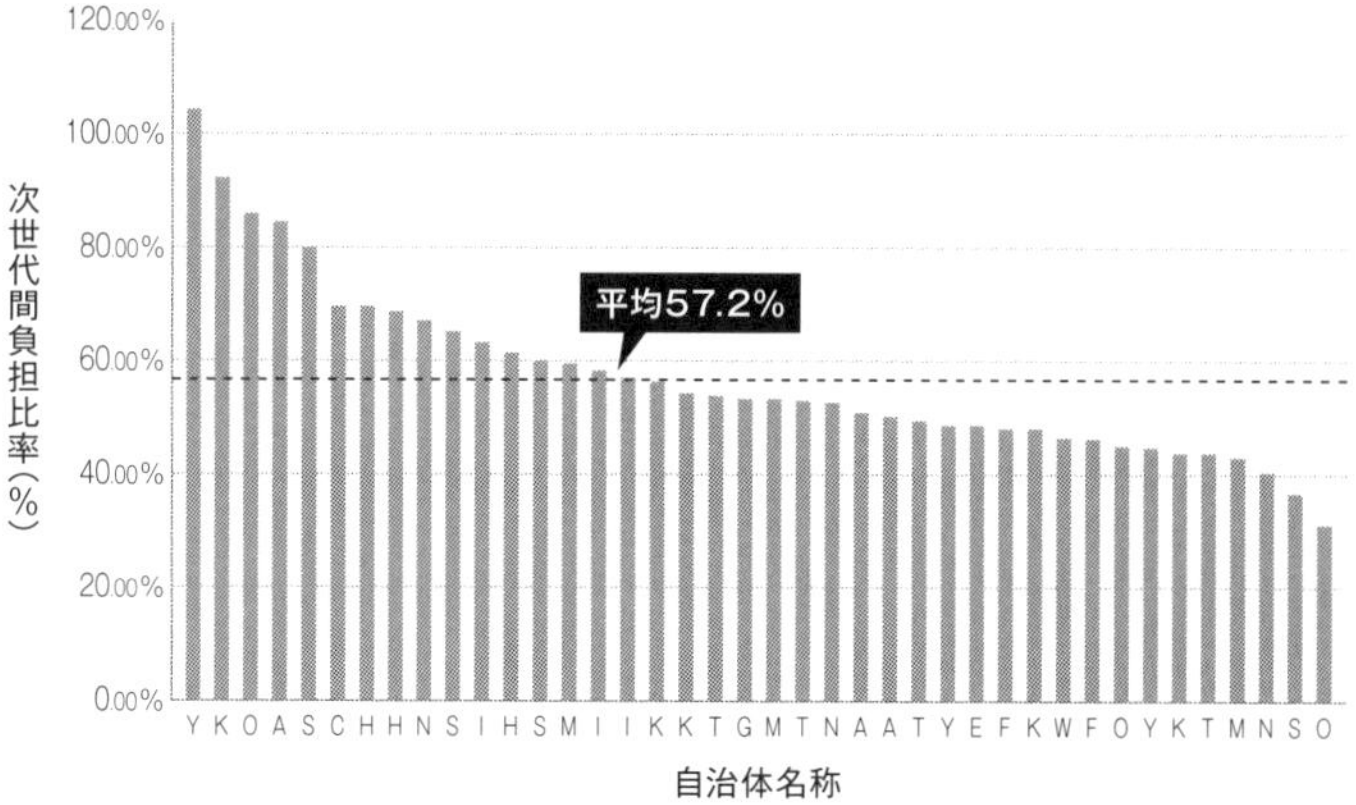

※次世代負担比率 ＝ 負債（地方債 ＋ 債務負担行為 ＋ 翌年度償還予定） ／ 有形固定資産
※本調査結果においては「公共施設」には港湾、橋梁、道路などの土木構造物を含む

日本ファシリティマネジメント推進協会
PRE/CRE特別小委員会作成資料を基に作成

実は東京都では企業会計を早くから採用し、公共施設に関してもきちんと減価償却費を算定しています。また減価償却費相当分を基金として内部留保しています。これを公共施設への再投資に活用するのです。企業ならごく普通に行っている会計処理を、東京都は早くから導入していました。これにより、老朽化施設にはその資金を使って建て替えたり、長寿命化工事などを実施したりすることができます。

東京都以外では公共施設のほとんどが、地方債などの債務すなわち借金を活用してつくられています。これは受益者負担の観点からは間違いとはいえませんが、その負担をいつ、誰が背負っていくのかを考える必要があります。

多額の公共工事を地方債などの債務で賄っている場合、当然ながら次世代の負担が増えていきます。２００８年2月時点の数字で、社会資本形成の次世代負担比率の都道府県別比較を見ると、平均の負担率が57・2％となっています。この次世代負担比率とは、現在自治体が保有している有形固定資産額と負債総額を比較した数字です。簡単に言えばどれくらい借金が残っているかという数字です。

負担率を見ると、なかには１００％を超えている自治体もあります。１００％を超えているというのは、現在保有している固定資産よりも負債のほうが多いという状態です。

その結果として予想される未来像はあまり明るいとはいえません。そう遠くない将来に公共財政の圧迫、税負担の増加、社会福祉サービスの低下などが引き起こされかねません。それでなくとも人口減少と高齢化の進展により、次世代が負担できる余力は減り続けています。このような状況を放置して良いはずもなく、自治体財政の健全化は急務となっているのです。

政府のバランスシート

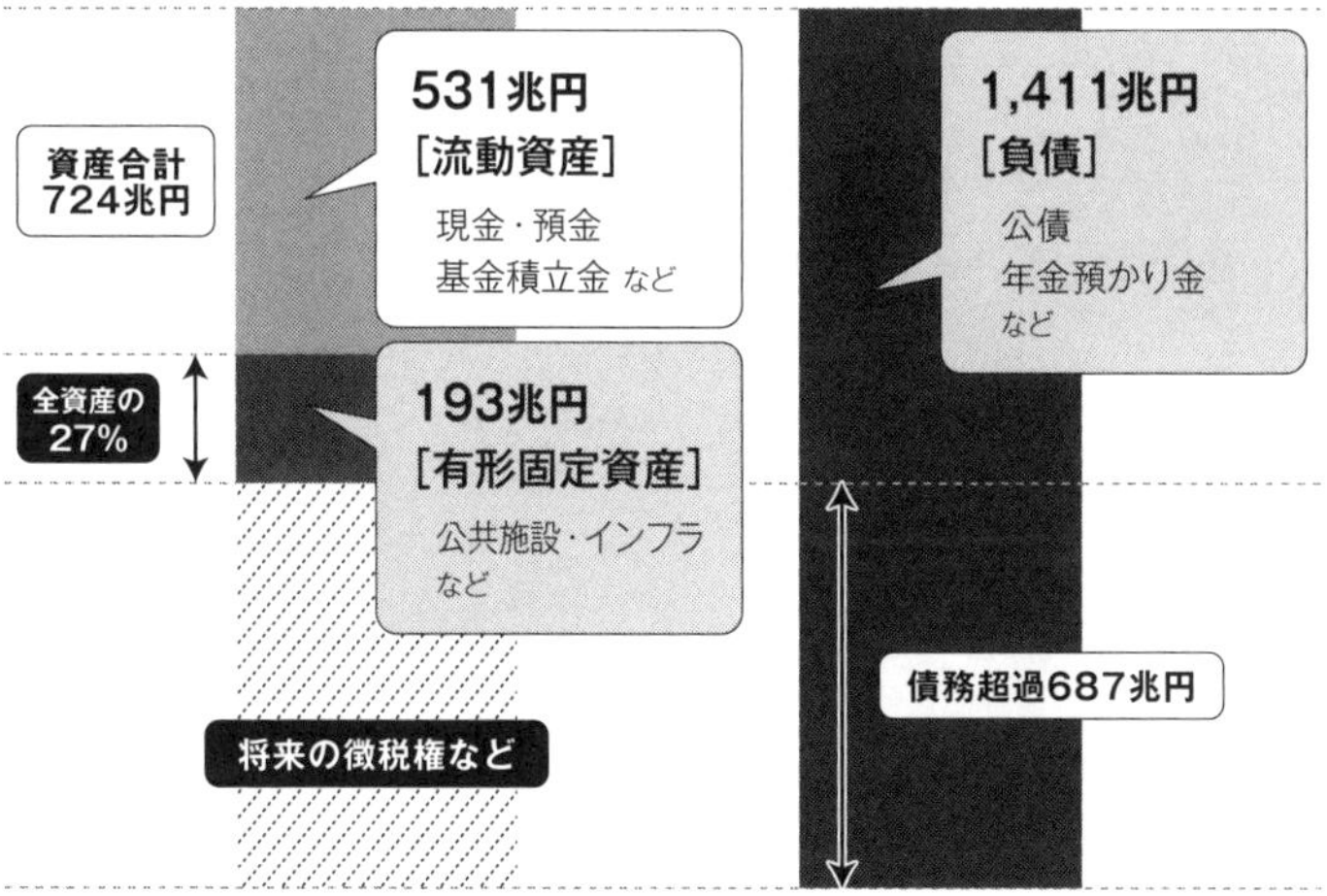

財務省主計局「令和3年度『国の財務書類』のポイント（一般会計・特別会計及び『連結』）をもとに作成

日本政府のストックと赤字体質

政府の財政状態をより正確に把握するため、財務省は自治体同様にバランスシートを作成し公開するようになりました。２０２１（令和３）年度の「国の財務書類」（一般会計・特別会計／財務省資料）の概要をみると、次のように記されています。

資産：７２４兆円（流動資産５３１兆円・有形固定資産１９３兆円）

負債：１４１１兆円

本来なら資産と負債のバランスが取れているはずですが、この時点で日本政府はすでに６８７兆円の債務超過となっています。

この背景には社会保障の増大があり、施設戦略の不具合が原因ではありませんが、長期的な財源不足であることは確実と思われます。中央政府においては貨幣の循環量を増大させるためには一時的に債務超過にするケースもありますが、その際には経済循環によって中期的には改善されるものです。日本の国債は実際には中央銀行（日銀）が買い取っているため中央銀行との総計により打ち消されるため問題ないという考えもありますが、主要中央銀行の資産規模において日銀は突出しており、ＧＤＰに対する比率も１２０％を超えています。他国は20％から40％程度であることを勘案するとこれ以上拡大することは現実的ではありません。

また、長期的には徴税権を保有しているのでその権利を資産化計上すればつじつまが合うという考えもありますが、人口減少とともに税収も伸び悩むなかでは将来の徴税権だけでは説明がつかないと思います。経営を健全化できない状態が長期化すれば徴税権の信頼性すら低下する可能性もあります。いずれにしてもこのような状況においては、資産の約25％に達する有形固定資産の更新や再投資については重要性の高いインフラや公共施設に集中せざるを得ません。さらには各自治体が公共施設等総合管理計画において期待している国庫の補助も十分には用意できないと考えられます。

日本経済の活性化は不動産にかかっている

日本の不動産価値を総合的に評価すれば、現時点で２９５６兆円となります。ただしこの数字は、決して日本の不動産価値の限界を示すものではありません。そもそも、この数字には、減価償却が終わっているにもかかわらず実際には使われている、すなわち価値を提供し続けている建物の価値は計上されていないのです。こうした建物の価値を適正に評価すれば、不動産の価値はもっと増える可能性があります。

ほかにも、既存の不動産価値を高めるための手法が、近年いくつも新たに開発されています。例えば老朽化した狭隘《きょうあい》な街区を再生すれば、新たな不動産価値を創出できます。美術館や博物館、劇場やホールなど、現時点では運営にかかる人件費も含めて費用対効果のバランスが取れていない公共施設も、アイデア次第では新たに価値を創出できる資産に変換できます。不動産価値が高まるだけでなく、周辺に対する新たな経済効果も期待できます。

不動産は持ち運びのできる資産ではないため、輸出による経済活性化には貢献できません。しかし、外資を呼び込み新たな不動産活用を行えば、海外からの資金を日本に取り込めるのです。あるいは国家戦略特区のように都市の魅力を高めて、海外から人を呼び込めれば輸出と同じ効果を得られます。

低迷を続ける日本経済を活性化させるカギは、まさに不動産にかかっています。将来世代に財政面での禍根を残さないためのカギも不動産にあります。

アイデア次第では、新たな価値を生み出す手法はいくらでも考えられます。そのための貴重な資産である不動産を活用すれば、日本経済の立て直しは決して不可能ではありません。

そして実際に、不動産に関する大胆な取り組みや改革が進められています。これからの日本にとって、まさに起死回生の切り札となるのが「不動産」なのです。

第2章

大胆な戦略で不動産価値を最大化させる
不動産トランスフォーメーションとは

不動産トランスフォーメーションとは何か

不動産を有効活用するため、新たな取り組みや改革、従来とは異なる方法でこれまでにない価値を創造することを、本書では「不動産トランスフォーメーション」と表現しています。

価値創造の取り組みで「トランスフォーメーション」といえば、DX（デジタル・トランスフォーメーション）を思い浮かべるかもしれませんが、不動産トランスフォーメーションが不動産管理のデジタル化を意味する新語というわけではありません。

そもそもトランスフォーメーションの元となる英語「transformation」が意味するのは「変化」「変形」「（遺伝における）形質転換」です。本書でいう「不動産トランスフォーメーション」においても、トランスフォーメーションの意味は第一には「変化」であり、より正確には「形質転換」に近い意味を含んでいます。

考え方を変えて活用法を一新すれば、日本の不動産には多くの新たな価値を生み出す力が秘められています。その不動産トランスフォーメーションの担い手となるのは、公的機関だけにとどまりません。むしろこれからの主役として期待されるのは民間企業です。自治体や日本政府は老朽化資産を大量に保有していますが、将来の資産の更新のための財源に限界があります。地方債や国債に頼った場合には次世代への負担がさらに増加してしまいます。これらの課題の解決には民間企業の経営手腕を活用した官民の連携が必要です。官庁は民間が動きやすくなるような下地づくりとしてさまざまな規制などを緩和し、民間が自由な発想やアイデアで不動産の新たな活用法を創出して、収益化を図るといった役割分担が必要となるのです。また、担い手として期待される組織としては、従来の民間企業やデベロッパーなどに加え、市町村が指定する都市再生推進法人、まちづくり会社、一般社団法人や一般財団法人に加えＮＰＯ法人なども想定されます。

不動産トランスフォーメーションの本質は、こうして官民が一体となって、日本の将来世代のために、負担を減らしながら資産を育んでいくことだと考えています。

従来型のＣＲＥ戦略と不動産トランスフォーメーションの違い

不動産のとらえ方についての変遷を振り返ると、一昔前は企業におけるＣＲＥ戦略の重要性が盛んに主張されていました。ＣＲＥとは、Corporate Real Estate、企業の不動産を意味します。つまりＣＲＥ戦略とは、企業不動産を資産効率と生産性の両面から向上させるための実践的な手法です。

ＣＲＥ戦略は、特に日本企業において重視されていました。なぜなら、日本企業のＣＲＥの総量が多いためです。ＣＲＥはバブル崩壊まで、比較的リスクの少ない投資対象と位置づけられてきました。経営に与えるインパクトについて本業への設備投資と不動産投資を比較した場合、不動産のほうが価値の変動が少なく影響も小さいと考えられてきたことで、企業は所有する不動産を増やしてきました。

こうした状況を一変させたのが、バブル崩壊です。１９９０年3月、大蔵省（当時）から全国の金融機関に発せられた「不動産融資総量規制」によって、それまで上昇し続けていた地価や住宅価格が大きく下落する事態となりました。その結果、不動産投資に関するリスクが、経営にとっての重要課題と認識されるようになりました。こうした時代の変化に伴って「持たない経営」が提唱されるようになり、不動産の売却が進められるようになったのです。

それでもなお現在、業種ごとに比較すると、欧米の同業種の企業よりも日本企業のほうが不動産を2～3倍多く所有しているのです。これは、同じような製品やサービスを提供する場合に、欧米よりも日本の企業のほうがより多くの不動産を用いていることを意味しています。つまり日本においては、適切な投資管理と不動産の有効活用が競争力強化のためには必須となります。

また企業における最大の固定資産はＣＲＥです。製造業で固定資産の数十％、交通やエネルギー、通信関連などのインフラ産業では固定資産の半分近くをＣＲＥが占めています。したがってＣＲＥを適切にマネジメントできれば、不動産のスリム化や量の適正化により資産縮減につながり、資産効率向上に貢献します。またＣＲＥの売却による資金調達も可能で、その資金をより収益率の高い本業に投資することもできます。逆にＣＲＥを積極的に投資用不動産として活用することも可能です。

このようにＣＲＥの取得や売却、改変などを行えば、その結果はバランスシートに反映されます。過去に取得した不動産の売却が意味するのは、新たな資金調達であり、調達した資金はさまざまな資産に変換されていきます。あるいは資金を借入の返済に回せば、バランスシートがスリム化されます。総資産が減少すれば、ＲＯＡ（Return On Assets、総資産利益率）向上につながるばかりか、有利子負債などの長期的なコスト削減にもつながります。

ＣＲＥ戦略における重要な効果としては、ＣＲＥの売却やスリム化などの改変による経営効率向上があります。ただし、売却や証券化は重要な経営手法ではありますが、不動産そのものを変革するものではありません。変化していないのですから、これは本書で定義するトランスフォーメーションではありません。

不動産証券化と不動産トランスフォーメーションの違い

不動産証券化については、ＲＥＩＴ（Real Estate Investment Trust）、不動産ファンド、モーゲージ担保証券などの手法が導入されてきました。不動産証券化とは不動産を元にして証券を発行し、第三者がその不動産に備わる価値や収益に投資するシステムです。その結果として、不動産の流動性が高まり、数多くの投資を得られてリスク分散もできます。

ＲＥＩＴとは不動産投資信託を意味していて、株式市場を通じて投資家から資金を集めて不動産に投資し、その収益を投資家に分配する仕組みです。

私募の不動産ファンドも基本的な仕組みはＲＥＩＴと同じですが、基本的にプライベートファンドであり、特定の投資家グループから資金を集めて運用します。ファンドは公開市場に上場することもなく、規制などもＲＥＩＴに比べれば緩やかです。

モーゲージ担保証券は、住宅ローンや不動産ローンなどのモーゲージ（住宅抵当）ローンのポートフォリオに基づいて発行される証券であり、モーゲージローンから得られる収益によって支えられています。いずれにしても画期的な資金調達手法ですが、不動産自体を変革するものではありませんでした。

例えば不動産投資に特化した企業、Ｊ－ＲＥＩＴなどでは、２０１０年までほぼオフィス、商業店舗、住宅に投資を行ってきました。２０１０年からはＥＣの進展に伴って物流施設への投資が始まり、商業施設への投資割合も増えています。

ただし不動産の証券化をいくら行ったとしても、対象となる不動産のあり方は何も変わっていません。証券化自体は画期的なアイデアであり世界中で多用されていますが、あくまでも不動産投資手法や資金調達の多様化です。これに対して、本書でいう不動産トランスフォーメーションとは「不動産」のあり方やビジネスモデルそのものを変革させる考え方であり、ＣＲＥ戦略や証券化とは根本的に異なります。

不動産トランスフォーメーションの展開法には、大きく分けて５つの方法があります。

①容積率の規制緩和を背景とした空間の活用

②コンセッションやＰＦＩ法を背景とした経営主体の変換
③ライフスタイルの多様化に対応した不動産ビジネスモデルの変革
④既存ストックの徹底活用

これらの変革を支えるのが、⑤ＤＸに代表されるデジタルの活用です。不動産自体の変革をおこしてこそ、本当のＤＸといえるのです。

いずれも土地・建物あるいは空間を基軸にビジネスやサービスを提供する不動産を舞台に、そのハードウェアとしての空間の改革と経営母体やビジネスモデルの変革の両面が伴うものです。つまり、空間の変革とビジネスの変革の掛け合わせと表現できます。多くの経営改革は組織や経営に関する変革ですが、不動産トランスフォーメーションは空間の変革が伴う点に特色があります。

容積率の規制緩和による空間活用のトランスフォーメーション

空間の変革にはさまざまなケースが想定されます。ＡＩやネットビジネスに対応した次世代型のデータセンターや物流センターの構築、環境と全面的に共生した建物や木造の活用など建築技術の進展とともにさまざまな新施設が現在も登場していますが、本書では、国・自治体・民間企業が連携して取り組んでいる特に高層化を核とする巨大再開発にスコープすることとします。

空間活用のトランスフォーメーションは、ここ数年で一気に拡大しています。その理由は、大きく2つあります。

第1の理由は、条例などの変更による容積率の大幅な緩和です。その結果として、大規模な高層化が進められるようになりました。東京や大阪をはじめとする都市圏では、各地で高層ビルやタワーマンションの建設が相次いでいます。こうした動きを後押ししているのは、各自治体による高さ制限と容積率の緩和です。高さ制限と容積率は、自治体ごとに定められています。したがって都市計画審議会などの決議を受ければ、制限の撤廃や緩和を行えるのです。

第2の理由として、都市再生のために国レベルで設置されるようになった戦略特区が挙げられます。国際的な活動拠点を形成するための立地整備を図る国家戦略特区では、都市計画の決定や許認可がワンストップで行えるようになりました。この戦略特区でも容積率・

アップル・パーク

IngusK / PIXTA（ピクスタ）

都市計画ワンストップという項目が定められて、容積率が大幅に緩和されています。これを活用しているのは、東京都と神奈川県です。東京都内には戦略特区が45カ所あります。

　また、建築技術の進化により、構造的にかなり大胆なデザインの建物を造れるようになってきました。このところ増えている斬新なデザインを取り入れた多用途複合の超高層ビルを支えているのは、最新の建築技術です。

　最新技術を駆使した革新的なビルデザインの海外の例として、宇宙船のようなアップルの新社屋「アップル・パーク」が知られています。円環状の建物の外装は、巨大

空中資源の活用

kazukiatuko / PIXTA（ピクスタ）

な曲面ガラスで覆われたユニークなものです。総面積70ha、建物の床面積については一棟だけで26万㎡、高層ではなく4階建てですが円形建物のなかで1万2000人の従業員が働いています。

一方、東京都の超高層ビルの特徴としては、内部施設の複合化が挙げられます。低層階にはショッピングモールが入り、その上にオフィスがつくられ、さらにその上にラグジュアリーホテルが設置される場合や、マンションができる場合もあります。

このような展開は、日本のなかでも特に東京の中心部のように土地が限られているエリアにおける貴重な資源への気づきによって引き起こされました。その資源とはは土地代のようなコストは一切不要です。

そこで空間をフル活用できるように規制が緩和され、同時に超高層ビルを安全に建設できる技術も進化してきました。その結果、空中という資源がどんどん活用されるようになってきました。こうした状況は行政サイドにとって一石二鳥です。規制を緩和するだけであまり税金を投入せず、民間資本により都心部の再開発を行って都市の競争力を高めると同時に、世界中からの投資まで呼び込めるようになるのです。

そして、空中資源の活用は民間企業にとっても、大きなメリットをもたらします。超高層化によりテナント数が増えれば、それだけテナント料による収入も増やせます。その結果、土地取得のための投資を早期回収できるようになります。

このように空中活用は、官民双方にとってＷｉｎ－Ｗｉｎの不動産トランスフォーメーションとなります。このメリットに気づいているのはもちろん日本だけではなく、アジアではシンガポールで積極的に展開されているほか、ヨーロッパではすでに多くの大都市で取り組まれています。

コンセッションやＰＦＩを活用する経営母体のトランスフォーメーション

経営母体のトランスフォーメーションとは官民連携で進められるものであり、早くから導入していたのがヨーロッパです。その結果、いまやイギリスやフランスでは、公共インフラをはじめとして公共施設に関する事業を民間に開放するのは、ごく当たり前の考え方として広く受け止められています。

官民連携の手法として採用されているのが、コンセッションやＰＦＩです。公共施設などの建設や維持管理、運営に民間資本やその技術を活用して、よりよいサービスをより安価に提供します。これにより自治体は、従来なら公的機関によって賄われてきた、インフラを含む公共施設の整備にかかる費用を負担しなくてよくなります。

一例を紹介すると、フランスでは上下水道のサービスにコンセッションが採用されています。フランスの水道事業については、上水と下水に関する責任自体は地方公共団体が持つものの、その運営は公共と民間のいずれもが担えるようになっています。したがって各地方公共団体は、自ら上下水道事業を運営しても構わないし、民間事業者に委託しても構わないのです。その結果、現時点では同国の上下水道事業の約半分が、Veolia社やSuez社を代表とする民間企業に委託されています。

イギリスのイングランドとウェールズでは1989年以降、水道事業が完全に民営化されています。イギリスにおいても以前の水道事業は、各地方公共団体によって運営されていました。しかし、国内の経済状況の悪化により、EUへの加盟に伴って課せられた厳しい水質基準をクリアするための新たな設備投資が難しくなったのです。その結果、民営化の検討・導入が進められて現状に至っています（内閣府「フランス・英国の水道分野における官民連携制度と事例の最新動向について」）。コンセッションやPFIが行われている事例は水道などの公共インフラに限られた話ではなく、アメリカの空港をヨーロッパの企業が運営している事例などもあります。

日本でもこれまで公共施設は、国や各自治体によって建設され管理も行われてきました。しかし、日本の自治体のバランスシートを見れば分かるように、現時点では資産の95%が不動産であり預金がほとんどありません。つまり新たに何かを建てたり、あるいは建て替えようとしたりすれば、借金をするしかないのが実状です。この借金とは、より正確に表現するなら将来世代にのしかかる負債となるわけです。

ところが、コンセッションやＰＦＩを活用すれば、自治体には新たな負債は発生せずにインフラの維持やリニューアルが可能です。それどころか収益を得られるケースさえあるのです。管理主体のトランスフォーメーションは、将来世代に負債ではなく新たな資産を残すための、有効な手段となります。

ワーク／ライフスタイルの多様化に対応する不動産ビジネスモデルの変革

官民連携による不動産トランスフォーメーションは、不動産に関するビジネスモデルの変革も引き起こしました。不動産といえば従来は、所有もしくは賃貸するものと決まっていました。これに対して不動産ビジネスの新たな形態、具体的にはシェアリングやサービス化が誕生しています。こうした流れを加速させているのが、ワークスタイルの変化であり、それに伴うライフスタイルの多様化です。

ワークスタイル変化の象徴ともいえるのが、テレワークの普及です。コロナ禍により導入せざるを得なくなったテレワークですが、実際にやってみると業務遂行上の問題などほとんどなく、むしろ従来のオフィスワークよりも効率の高まるケースも多々ありました。その背景として、業務インフラとなる通信回線を含む情報通信技術が成熟レベルに達していたという状況があります。

さらにテレワークにある程度慣れてくると、働き方に関する意識に一種のパラダイムシフトが起こりました。決まった時間にオフィスに出向いて、決まった場所で仕事をするという従来の働き方に対して、日本でも海外発のフリーアドレス制が少しずつ導入されつつあるのです。北欧で誕生したとされているフリーアドレス制とは、作業内容に応じて最適な空間で仕事を進める働き方を意味します。

コロナ禍によるテレワークの普及は、このフリーアドレス制を日本中に広げたともいえます。要はいかに生産効率を高めるのかが問われるのであり、効率性向上と働く場所には関係がないと、誰もが理解するようになったのです。

当初は在宅しかなかった選択肢が、そのうちサテライトオフィスなどへと広がっていきました。在宅ではスペースに限りがあったり、あるいは子どもがいるために仕事に集中できなかったりする人もいます。そのような人たちのニーズに応える形で、駅前などにドロップインで使えるオフィススペースが提供され始めたのです。

背景となっているのが、20年ほど前にアメリカで生まれ、徐々に普及し始めてきていたシェアオフィスです。シェアオフィスとは、フリーランスやごく小規模な企業で仕事をする人たちのために提供される会員制のオフィスで、もともとはフリーランスや企業間のコミュニケーションを促進することが主な目的で開発された概念です。一つのオフィスを複数の企業や個人がシェアして使うので、ユーザーサイドではオフィス開設時に必要となる初期費用を大幅に削減できます。

シェアオフィス運営事業者の中に新たに、会員以外にもドロップインでスペースを提供するところが出てきました。このようなオフィススペース提供のサービス化は新たなビジネスであり、不動産の使用用途に関する新たなトランスフォーメーションとなります。

オフィスといえば以前は、自社でビルを建てて用意する、あるいはテナントとして賃借して入居するなど、選択肢が限られていました。こうした固定観念を打ち破る新たなサービスとして、シェアオフィスが提供されるようになり、さらにドロップインでの提供へと幅が広がっていったのです。

働く場所の多様化は、当然働く人の意識改革につながります。その延長線上として、オフィスを一切持たない企業も登場しています。

不動産ビジネスのサービス形態のトランスフォーメーションは、人々のワークスタイルに大きな影響を及ぼし、それは当然ライフスタイルの変化にもつながっています。

ストックの徹底活用に対応したリノベーションによるトランスフォーメーション

ストックの寿命に対する考え方の変革によって引き起こされるのが第4の不動産トランスフォーメーションです。築年数の経った不動産についての対応策は、従来なら基本的に取り壊して建て直すしかありませんでした。しかし不動産寿命に対する考え方の変化と、技術の進歩により大きな変革がもたらされているのです。その根底にあるのが、耐用年数の見直しです。

そもそもビルなどの構造躯体《くたい》については、財務省令に「耐用年数は１５０年である」と記されています。つまり建設物は基本的に、数十年〜１００年程度であれば、十分に実用に耐えると考えられているのです。

ところが、「公的機関が考える固定資産の耐用年数や償却率の整理」（石田航星）によると、国民経済計算においては、土地以外の償却資産に関する償却方法について定率法を採用しており年数を重ねるごとに加速して償却するために、相当早い年数で償却を終えてしまうと記載されています。その結果として、現役で利用されている建物の価値が最低レベルまで引き下げられているのです。

具体的には建設物について、築13年ぐらいで半分ほどが償却され、築44年では1割を切ってしまいます。この早すぎる償却が何を意味するのかといえば、高度成長期以降に建設された資産のほとんどについて、建物の現在価値を1割未満でしか評価していないということです。つまり実際にはまだ使える、あるいは現在も使っている建物について、その価値が認められていないのです。そもそも耐用年数という言葉は税務上の償却年数のための数字であり、税務上の数字を便宜的に国民経済計算や各種の不動産取引で利用しているのが実態です。その年数を超えた場合には利用することができないということではないので、実際の建て替えの判断の基準に活用してはいけない数字です。

価値をきちんと評価されていない建物が、日本には数多くあります。これらの建物の価値を改めて適正に評価すれば、日本の総資産は数百兆円規模で増える可能性があります。

国民経済計算は企業のバランスシートに相当します。再評価により資産が増えれば、それは利益になります。利益とは何らかの形で国民に還元できる価値、つまり「隠れた資産」なのです。これを有効活用すれば、将来世代に贈る貴重な財産となります。

ただし、財産化するためには、不動産に対する考え方を大きく変える必要があります。それは単に計算方法を定額法に変えるといった話ではありません。年数の経った建物をそのまま使うのではなくリノベーションして生まれ変わらせるのです。それもニーズの見込める用途に対応できるように変えることが必要になります。つまり、長寿命化に加えビジネスモデルの変更も加える必要があるのです。

例えば、古びてしまった小さなオフィスビルを新たなニーズに対応できる民泊などの小規模ホテルにリノベーションするとします。オフィスビルとしては借り手がつかなくとも、観光客を呼び込めるホテルであれば、借り手どころか買い手が出てくる可能性もあります。

あるいはすでに償却が終わっていて、それ自体にはまだ何の瑕疵《かし》もない公的な建物を民間活用に委ねるという方法もあります。小学校などの廃校活用がこれに相当します。いずれにしても現状をそのままではなく、リノベーションを加えて新たな価値を付加する、それも行政などが主体となるのではなく、民間が事業として運営することが重要になります。

既存ストックは長寿命化と適切なリノベーションを加えさえすれば、新たな価値を創出することができるのです。全国に多数の実績が生まれ、耐用年数を超えた建物には融資をしないとされていた金融機関の方針が転換すれば、さらに進展すると考えられます。

実は近年この4つ目の改革のニーズが大きく高まっています。それは建設費の高騰とCO_2排出量に関するエンボディドカーボンという考え方が背景にあります。エンボディドカーボンとは、建物の建設、維持管理、解体を含む、建物の生涯を通じて排出されるすべての温室効果ガスの総和です。

人手不足や建設資材などの値上がりを背景に、建設費は近年大幅に上昇しています。この10年で20％以上、設備系については50％以上上昇したともいわれています。建設コストの高騰は、古い建物の撤去費も新築の費用も押し上げます。一連のトランスフォーメーションは不動産収益を基礎として計画されるものが多いので、採算性は大幅に悪化しています。

不動産の全面的な更新では、大量の廃棄物と温室効果ガスを排出します。欧米ではエンボディドカーボンの算定や情報開示が進展しつつあり、今後日本においてもこの考え方が導入される可能性があります。既存ストックの有効活用は、この面においても大規模な再開発と比較してたいへん有利ということになります。今後はより一層、既存ストック活用のニーズが高まることが予想されます。

4つの変革を支える不動産DX

4つの不動産トランスフォーメーションを効率的に進めるためのインフラとなるのが、不動産ＤＸつまり不動産のデジタルトランスフォーメーションであり、より正確に表現するなら不動産管理のデジタル化です。

不動産業界は大きくデジタル化に後れを取っています。例えば、実際にマンションやアパートを借りたいと思ったときに、スマホ一つで物件の情報を簡単かつ詳細に調べることはできますが、条件に合った物件を見つけたあとに検索サイトから案内されるのは、各物件を扱っている仲介業者です。そして、そこから先はデジタルではなく、アナログでの手続きへと移行していきます。

不動産業界の手続きがデジタル化されていない最大の理由は、検索サイトに掲載するような外観や部屋の画像、あるいは間取りや立地などの情報はデジタル化されているにもかかわらず、物件の管理情報そのものは基本的に、いまだに紙ベースで管理されているからです。資金の管理にいまだに通帳を活用している物件もあります。そのため極めて非効率的な体制の下で、業務が行われています。

ほかにも、管理会社では自社物件の賃貸契約に空きが出た場合、その部屋の書類を確認したうえで、わざわざ現地に赴いてチェックする必要があります。いずれも紙ベースでの作業です。仮に1つの物件に複数の空きが出た場合など、書類だけでは全体像を一覧で把握するのも容易ではありません。

もし物件状況の詳細や物件内部の空間情報などがＢＩＭ（Building Information Modeling：建築の設計・施工から維持管理までの全プロセスで情報活用を行うためのツール）を用いてデータ化され、デジタル化による管理がされれば、現状をより瞬時に正確に把握できます。

管理の効率化を図るのであれば、不動産ＤＸは今後、必須となります。容積率緩和による空中活用のトランスフォーメーションによって、同じ1棟のビルでも、管理する空間が従来とは比べ物にならないほど増え、アナログでの管理はより煩雑になります。コンセッションやＰＦＩを活用する際にも、まず欠かせないのが対象となる不動産の詳細データです。使用用途のトランスフォーメーションにしても、またリノベーションによるトランスフォーメーションでも、迅速に手続きなどを進めるためには、充実していて使いやすいデータは欠かせません。

　これから進展が期待される、不動産トランスフォーメーションを支えるインフラとなるのが不動産ＤＸなのです。

第3章

空中の利用、ワークプレイスの再構築、跡地の再活用……

不動産価値を高める 5つのトランスフォーメーション

東京のパワーを活かす

東京の地価の高さは日本のなかでも飛び抜けています。なぜ地価が高いのかといえば、東京は日本の政治と経済の中心であり、それだけに自然と人が集まるだけの魅力を備えているからです。そして東京の魅力は、世界レベルで見たときにも非常に高い水準で評価されています。

森記念財団・都市戦略研究所が毎年、世界の都市総合力ランキングを発表しています。このランキングは、都市の総合力を経済、研究・開発、文化・交流、居住、環境、交通・アクセスの６分野で複眼的に評価した結果を表すものです。

例えば経済については、市場の規模、市場の魅力や経済集積などの指標グループに基づいて、ＧＤＰ、ＧＤＰ成長率、上場株式時価総額などの指標で評価されます。研究・開発の評価については、研究集績、研究環境、イノベーションの領域から、文化・交流では発信力、観光資源、文化施設、受入環境、外国人受入実績、居住については就業環境、居住コスト、安全・安心、生活良好性、生活利便性、環境では持続可能性、空気環境、都市環境、そして交通・アクセスについては国際ネットワーク、航空キャパシティ、都市内交通、移動の快適性などによって評価されます。

この都市総合力ランキングによれば、東京は総合ランキングで、ロンドン、ニューヨークに次ぐ3位です。昨年度の評価ではパリに詰め寄られていたものの、居住コストと文化・交流分野でスコアを伸ばした結果、３位をキープしました。都市の魅力はさまざまな視点から評価されますが、東京の魅力は主に、整備された交通インフラが充実している点と、日本における政治と経済の中心地でありながら、公園が多く自然にも恵まれ、歴史的建造物や文化財も多い点に集約されます。

人を引き付ける東京の魅力を裏付ける象徴的なデータがあります。世界各都市における国際線のフライト状況を集計、解析すると、東京はアジアの都市のなかで抜きんでて、アメリカやヨーロッパの主要都市とのフライトが多いのです。東京がアジアの中核的な役割を担っている実態を理解できます。

増加するフライトに対応するため、羽田空港ではターミナルを拡張して国際線の増便に対応しています。成田空港も既存のB滑走路の延伸に加えてC滑走路を新設し、２０２９年には発着容量を現状の年間30万回から50万回にまで拡大する予定です。航空貨物量については、２０２１年のデータで成田空港は世界第5位となっています。北米からの便については、ちょうど成田がアジアの玄関口にあたりハブの役割も果たしています。

首都圏で進められる容積率緩和

都市としての東京の魅力を高めた大きな要因に、容積率と高さ制限の緩和制度が挙げられます。東京都の容積緩和制度とは、一定の条件を満たしたうえで容積率を緩和する制度です。高さ制限の緩和も合わせて容積率を割増した建築を認められれば、超高層建築が可能となるため建築プロジェクトの事業採算性を高められます。

きっかけとなったのは1999年、石原慎太郎氏の東京都知事就任です。石原氏の強力なリーダーシップのもとで、まず2001年に「東京の新しい都市づくりビジョン」が策定されました。このビジョンで目指されたのは、世界をリードする魅力とにぎわいのある国際都市・東京です。容積緩和制度もビジョン達成のために導入されました。

新たなビジョンでは国際的ビジネスセンターの強化、都市を楽しむ都心居住の推進、歴史と文化を生かした都市空間形成を目指して、拠点地区などの将来市街地像が示されました。

一方で政府も2002年に、都市再生を通じた経済の立て直しを目的として都市再生特別措置法を制定しています。さらに都市再生緊急整備地域、特定都市再生緊急整備地域を政令で指定しました。これらの地域は都市再生の拠点と定められ、都市開発事業などを通じて緊急かつ重点的に市街地の整備が推進されます。その一環として民間の創意工夫を活かした都市開発プロジェクトを後押しするため、既存の都市計画の枠組みを外して、新たな容積率規制を盛り込んだ特区を制定できるようにしています。

東京都は2005年にビジョンの活用方針を定めて、都市活動の積極的な集積を図る拠点を各地域の特性によって分類し、それぞれに応じた育成用途の誘導を図っています。これによって定められたのが、次の5つのゾーンです。

1. センター・コア再生ゾーン
2. 東京湾ウォーターフロント活性化ゾーン
3. 都市環境再生ゾーン
4. 核都市広域連携ゾーン
5. 自然環境保全・活用ゾーン

これらを受けて、都市再開発特区が都心では約30件、ほかにも都市周辺部や渋谷区などで適用されています。この特区では創意工夫を最大限に発揮できるため、事業者にとってとても使いやすい制度だと歓迎されて有効活用されています。そのため特区の多くが事業用途で活用されています。

事業用途での活用ですから、もちろん事業者は採算性を見込んでいます。なぜなら東京にはビジネスがあり、人口も多く観光客も常にやってくるからです。人が集まってくれば採算性も高まります。ビジネス、人口、観光客の3つすべてが高いレベルでそろっている、そんな都市は日本でも東京だけといえます。観光だけに限れば京都なども優れていますが、東京以外の観光都市でビジネスを展開するために大きなオフィスをつくる事業者はあまりいません。

高層ビルを建てる事業者は、従来の減価償却ではなく、ディスカウントキャッシュフロー（Discount Cash Flow：ＤＣＦ）法などの収益還元法で資産価値やプロジェクトの利回りを算定します。これは新たに建てるビルの価値を、そのビルが将来生み出すキャッシュフローの現在価値として計算して求める方法です。単純な償却計算ではなく不動産が将来生み出す収益に基づいて算定しています。

ＤＣＦ法では、10年間でビルが生み出すキャッシュフローの総額を適切な割引率で現在価値に割り引いたものの合計と、10年後のビルの資産価値を合わせて採算性を判断します。

高い賃料が期待できる都心部の高層ビルの採算性はとても手堅いものとなります。

　こうした背景で誕生したのが、空中資源を活用する不動産トランスフォーメーションです。例えば、公園を間に挟んで企業と百貨店の隣接している土地があるとします。そこで企業と百貨店に加えて公園も含む土地を事業者が一括購入し、容積率や高さ制限の緩和を利用して、高層ビルを建てるのです。ビルの低層階には既存の百貨店を含む商業施設を入れ、中層階は企業の事務所として活用しつつ、低層階から続く空間の一部は公園や緑地などの共有スペースとして開放します。さらに上層階にはラグジュアリーホテルを誘致するなど、多用途に活用することで、その土地の採算性が大幅に高まることが期待できます。

　これが空中資源を活用する不動産トランスフォーメーションの例です。それまでその場所に存在していた、公園、企業ビル、百貨店という3つの不動産に、空中という新たな資源を付加することで、それまで存在していなかった価値を創造することができるのです。一連のプロジェクトの特色は、中核を担っているのが、デベロッパーや投資家あるいは電鉄会社などの民間企業だということです。民間企業は事業採算を見込みながら、自ら資金を調達しながらこれらのプロジェクトを推進しています。プロジェクト推進のエンジンとなっているのは、将来の不動産収益です。空中を開発して獲得できる将来の収益源が、これらのプロジェクトの原資なのです。これによりさらに東京の魅力が増すことになり、東京の魅力を背景に生み出す将来の収益源もまた確実なものとなるのです。

一方、行政サイドの狙いは、空中というこれまで活用されていなかった資源を利用できるようにし、そこに民間の活力を導入することでの開発促進です。この手法であれば、東京都としては最小限の公費負担で開発を推進できます。さらには土地を提供した企業や百貨店の負担も最小限に抑えられます。公園も緑地として再構成するので、事業者は街づくりへの貢献も担えます。

このような新たなエリア整備システムの誕生により、事業者サイドでの考え方も大きく変わってきています。この変化の先駆けとなったのは、六本木ヒルズや東京ミッドタウンに代表される都市モデルの再開発です。

六本木ヒルズの立地は元々、木造住宅の密集する地域でした。しかも土地に高低差があり、地価も比較的安かったのです。地下鉄の駅は一つしかなく、ほかの交通機関の駅からは離れていて、いうなれば中間地点のような立地でした。そこで森ビルは、土地をまとめて買い上げ、広域エリアから人を呼べるような建物によって価値を高めれば、十分に採算のとれる都市開発ができると考えたのです。

これ以前は、例えば大手町などすでにブランドの確立されたエリアでの開発が主流でした。これに対して六本木ヒルズでは、事業者自らが従来開発されてこなかった地域において広域での再開発に取り組み、核となる巨大な施設を立ち上げてエリア全体の価値を高めていきました。新たなエリアブランドを事業者自らが創出し、そのブランド価値に合うように賃料なども設定したのです。

森ビルでは、六本木ヒルズを「ヴァーティカル・ガーデン・シティ（立体緑園都市）」を具現化した世界の新たな都市モデルと位置づけています。12haの区画面積に、オフィス、住宅、商業施設、文化施設、ホテル、シネマコンプレックス、放送センターなどが整備されました。その結果、まさに多様な機能を複合する一つの街が形成されています。この六本木六丁目地区市街地再開発事業は、２０００年４月に着工し、２００３年４月に竣工しています。

六本木ヒルズの近くに２００７年に竣工したのが東京ミッドタウンです。これは都営地下鉄の六本木駅に直結しているので、六本木ミッドタウンとも呼ばれます。手掛けたのは三井不動産です。

施設の中核をなすのが、地上54階で高さ２４８・１ｍの超高層ビル「ミッドタウン・タ

空中資源の活用イメージ

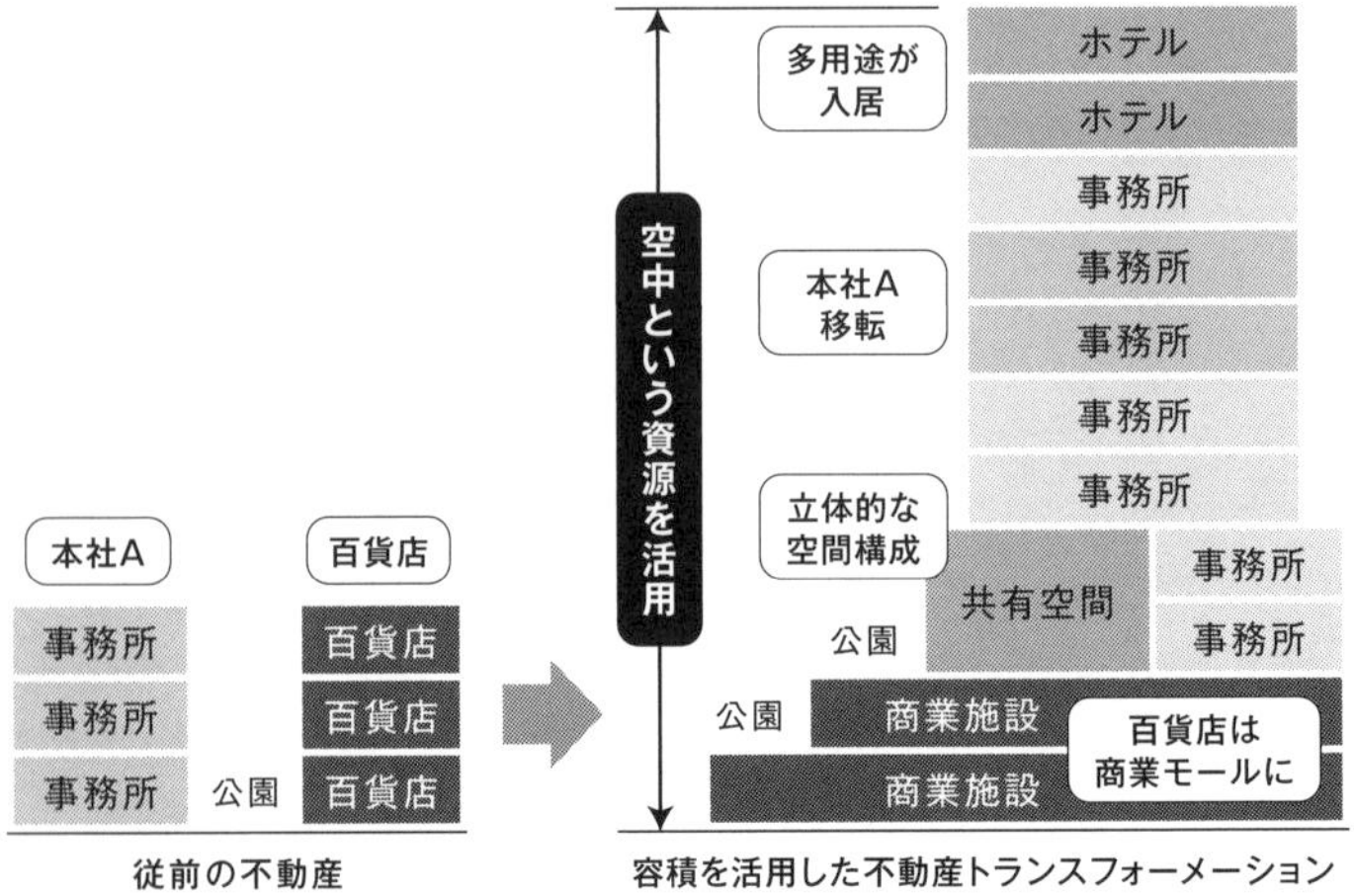

ワー」です。

この土地は以前、帝国陸軍の駐屯地として使われ、戦後も自衛隊の施設や大学の研究施設がありました。それらの移転によってその跡地が再開発されたのです。基本的にあまり整備されてこなかった土地であり、土地の評価額は決して高くありませんでした。だから比較的安価に仕入れて、容積率を最大限まで活用して再開発し、価値を高めたのです。東京ミッドタウンにもオフィスはもとよりホテル、住居、美術館、レストランや公園・緑地などが整備され、多くの人を引き寄せています。

都心エリアの大規模開発

元々の土地の評価額が低かった地区を長い年月をかけて集約し大規模な開発を実施しているため、採算性も高まっています。同じようなプロジェクトを、例えば大手町エリアなどでやろうとしても、すでに地代が高いため新規参入で採算を合わせるのは難しかったと推測できます。

東京には、再開発の可能性を秘めた土地がまだ数多く残されています。評価額がそれほど高くなくまとまった土地として今注目されている土地の例に、築地市場の跡地があります。東京都が再開発を行う事業者を募集し、三井不動産を中心とするグループなどが企画提案を行いました。多目的スタジアムの建設やエンターテインメント施設の整備などが提案され、２０２４年4月、三井不動産を代表企業とするグループが事業予定者に決定しました。

築地に限らず、ほかにも公園や緑地など東京には公有財産としての土地が多くあります。それらの空中という、これまで注目されてこなかった資源を有効活用するというのが、容積を活用する不動産トランスフォーメーションの基本的な考え方です。

内閣官房地域活性化統合事務局の開示資料による、２００２～２０１１年までの10年間において、都市再生緊急整備地域内では、約8・4兆円の直接効果と約10・2兆円の波及効果（合計18・6兆円）を創出しています。また、この経済波及効果によって、１３３万人の雇用誘発者数を生んでいます。つまり不動産や街区自体の資産価値向上はもとより周辺への経済効果も大きいことが分かります。

容積活用の視点に基づき相次ぐ高層開発

東京以外でも、高層ビルやタワーマンションの建設が相次いでいます。10階以上の建築物着工床面積の累計（日本経済新聞２０２３年5月1日「インサイドアウトいまを解き明かす」より）を見ると、特に名古屋、福岡、横浜、札幌でその伸びは著しく、２０２２年に名古屋は７００万㎡、福岡が６００万㎡、横浜が４００万㎡、札幌が３００万㎡となっています。

福岡では、特に天神周辺で容積率の規制を緩和し始めています。天神ではこれまで、福岡空港に離着陸する飛行機との兼ね合いで高さが規制されていました。これが航空関連の技術の進歩により、緩和できるようになっているのです。

横浜では、「みなとみらい21」プロジェクトにより開発が急ピッチで進められています。この一帯の一昔前を思い浮かべると、造船所や貨物関係の引き込み線、港湾やその関連施設などが広がる、どちらかといえば殺風景な場所でした。そこを全面的に再開発するプロジェクトです。

横浜市では「民の力が存分に発揮される都市・横浜（中期政策プラン）」を策定して、民間による都市開発を進めています。この一帯に、企業の本社機能や商業施設を誘致し、さらに文化やアミューズメントなど多様な都市機能の集積も進めるといった一連の施策を実施することで、街のにぎわいの創出と活力ある街づくりを、民間の力を主として推進しています。すでにグローバル企業の本社や多数の大型商業施設、ラグジュアリーホテルに加え、２万人収容の音楽コンサート専用のアリーナも建設され、現在も成長を継続しています。

容積を活用する不動産トランスフォーメーション事例：浜松町エリア

浜松町一帯は、国家戦略特区に指定されています。この特区では〝世界でいちばんビジネスをしやすい環境〟の創出を目的として、地域や分野を限定したうえで、大胆な規制・制度の緩和や税制面での優遇が行われます。２０１３年に法律が制定され、翌年に最初の区域が指定されました。その一つが浜松町エリアです。特区指定を受けて、このエリアでは芝浦一丁目、浜松二丁目４地区、竹芝地区などで大規模な再開発が進められています。

ちょうど私の事務所のすぐそばが世界貿易センタービルで、今その建て替えが進められています。これが「浜松町二丁目プロジェクト」であり、その事業主体は株式会社世界貿易センタービルディング、東京モノレール株式会社、東日本旅客鉄道株式会社、鹿島建設株式会社です。

具体的には、旧貿易センタービルの跡地に、事務所、店舗、カンファレンス、観光施設、ホテルなどが入るビルを建てることで総面積41万㎡にわたる浜松町二丁目エリアの再開発を図っています。注目すべきは、ＭＩＣＥ（産官学の各組織が連携して開催するビジネスイベントの総称）施設の新設です。浜松町はモノレールで羽田空港に直結しているので、国際会議の開催など海外からの集客を前提として、国際交流拠点の形成が考えられています。

貿易センタービル自体は、築60年も経っていないために本来ならまだまだ使

浜松町エリアの再開発にて解体されるビル群

えます。ストック活用の観点から考えれば、建て替えは早すぎるともいえます。しかし、容積率緩和を受けて超高層ビルに建て替え、容積率をフルに活用すると、それによって新たな資産が生み出され、収益が増大すると考えられます。

この事業により浜松町エリアの都市再生が行われますが、やはり注目すべき点はほかの大規模再開発同様に、公共セクター、つまり東京都や国には一部のインフラ施設や補助金以外、一切負担はかかっていないということです。中核部分はすべてが民間資金で賄われていて、企業サイドでも将来の収益を担保として資金調達をしています。財政状況の厳しい日本にとっては、極めてメリットが大きく理想的といえます。将来の徴税権を当て込んで国債を発行する政府よりは、かなり見通しがある資金調達手法であるといえます。

この浜松町エリアの再開発でもう一点注目されるのが、エリアマネジメント法人（都市再生推進法人）の設立です。これにより芝浦一丁目地区、竹芝地区に加えて地元町会とも連携したエリアマネジメントを展開し、一帯を含む大門地区全体の魅力と活力の向上を目指しています。

多様な都市機能の集積・観光拠点の形成

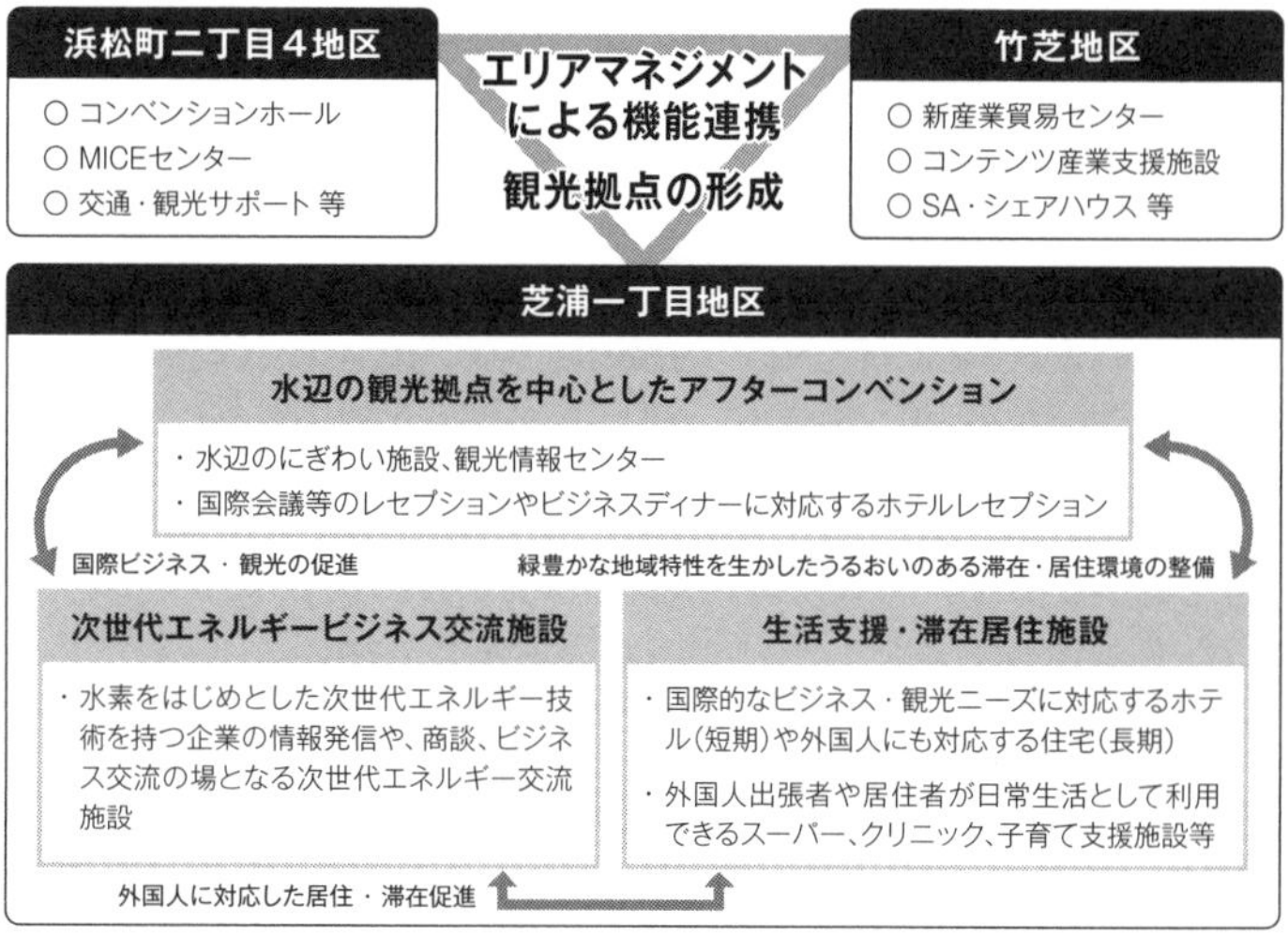

内閣府「国家戦略特区　第12回東京都都市再生分科会　配布資料
都市再生特別地区（芝浦一丁目）都市計画（素案）の概要」を基に作成

その一環として計画されているのが、エリア循環バスです。公共交通を補完する二次交通として、誰でも無料で乗車可能な循環バスをエリア内で走らせます。これにより芝公園や増上寺、旧芝離宮恩賜庭園などの観光地とＭＩＣＥ施設などを結びつけて、観光客やＭＩＣＥ参加者の回遊性を高めています。

巡回バスの運行は、エリア全体の発展を考える姿勢から生まれたアイデアだと思われます。単に浜松二丁目4地区だけでなく、エリア全体の価値を高めるほうが、トータルとして人を呼び寄せられるうえに、昨今

芝浦地区の開発

のＳＤＧｓ志向にも合致しています。交通結節点としての機能強化に関しては、ラストワンマイルを支える次世代モビリティの乗降場整備なども検討されています。

浜松町エリアでは、ほかにも「芝浦一丁目プロジェクト」が進められています。これは野村不動産株式会社、ＮＲＥＧ東芝不動産株式会社、東日本旅客鉄道株式会社によるプロジェクトです。ＣＲＥ戦略の一環として東芝が自社ビルを売却し、ツインタワーを建てる予定です。このプロジェクトではオフィス、ホテル、商業施設、住宅など約55万㎡の再開発が進められています。専用通路を新設して

ＪＲ浜松町駅に直結できるようにするなど、浜松町二丁目プロジェクトの各施設との往来の利便性が考慮されています。

都市再生への貢献として、周辺開発と連携した回遊性の高い国際ビジネス・観光拠点の形成も計画されています。具体的には、浜松町・竹芝エリアの回遊の軸となる緑とにぎわい空間の形成、水辺の観光・にぎわい拠点の創出、周辺開発と連携した多様な都市機能の集積と観光拠点の形成などを目指しています。また芝浦運河沿いに大型商業施設を設置し、集客につなげる予定です。商業施設ではタワーマンションの住人を対象としたマーケティングが想定されると考えられます。

浜松町エリアではエリアマネジメントによる機能連携を行い、観光拠点の形成を目指しています。

都市再生においては、単にハードウェアとしての建物を建設するだけでなく、にぎわいや街区あるいは地域全体を活性化するマネジメント体制などのソフトウェアも重要であるということがよく分かります。また、一つの街区だけでなく、周辺や関連施設との連携を促すことも欠かせないということです。

税金を一切使わずに建て替えられた新庁舎

ＣＲＥの公共版であるＰＲＥ（Public Real Estate：公的不動産）の運用にも、戦略的思考を持ち込む動きが出始めています。その象徴的な事例が「日本初のマンション一体型庁舎」といわれる、東京都豊島区の新庁舎です。

　豊島区役所の本庁舎は築50年を超えて、安全面や防災面など老朽化による問題が見過ごせない状況となっていました。庁舎改築の動きはすでに１９８８年からあり、総額４６０億円をかけて区庁舎と豊島公会堂をリニューアルする計画が立てられたのです。ところがバブル崩壊により豊島区の財政が一気に悪化したため、リニューアル構想は棚上げされます。その後、区の財政はさらに悪化していき、１９９９年には８７２億円の負債を抱える危機的状況となります。危機を脱するために豊島区は、少子化に対応して学校や児童館などの統廃合を進めると同時に、リストラを敢行し職員数を１０００人以上削減しました。それでも豊島区の財政状況は極めて悪く、庁舎の新設などまったく考えられない状況だったのです。しかも２０１４年の時点で豊島区は、日本創成会議によって「少子化に伴う人口減少で、存続が危ぶまれる都市」に指定されていました。東京23区のなかで、このように消滅の可能性のある都市に指定されたのは豊島区だけです。

まさに八方塞がりのような状況のなかで考え出されたのが、第一種市街地再開発事業による新庁舎の整備です。この事業には税金は使われていません。豊島区の財政負担は事実上ゼロで、マジックのように庁舎のリニューアルが成し遂げられたのです。

まず少子化による統廃合で廃校となった小学校と旧児童館の土地を、区が従前地権者として権利床を取得しました。それだけでは新庁舎を建てるには足りないので、不足分を保留床として１３６億円で購入する必要があったのですが、同時に旧庁舎の跡地開発について、隣接する豊島公会堂を含む敷地を、定期借地での開発を条件に公募しました。76年間の定期借地権の賃料を１９１億円とし、一括で前払いを受けることによって、保留床の購入分だけでなく、新庁舎の整備費と移転費を、区民に負担をかけることなく賄ったのです。

建物の1～2階には商業施設を含めた複合施設を整備し、1階の一部と3～9階が区役所の新庁舎、その上の11～49階には分譲マンションが整備されました。建物の外壁は、

税金を使わない庁舎のリニューアル

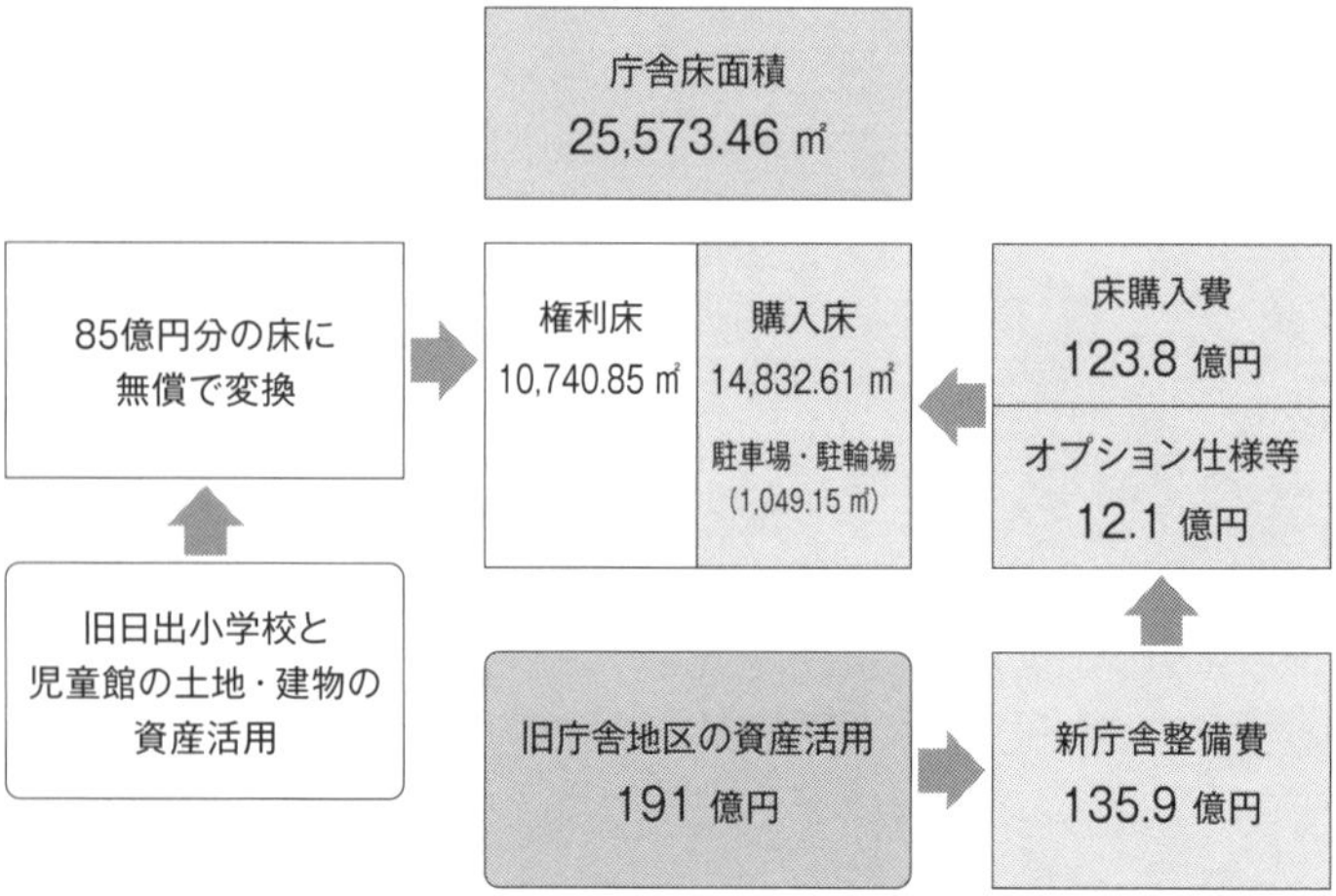

リニューアルされた豊島区役所

特徴的なデザインのエコヴェールで覆われています。このエコヴェールは、太陽光や緑化など多機能性をもつパネルです。地上50ｍに位置する10階には屋上庭園「豊島の森」があり、コナラやクヌギなどを植えて里山の風景が再現されています。さらに４階、６階、８階にはグリーンテラスが整備され、来庁者が自由に散策できるようになっています。11～49階は総戸数４３２戸の分譲マンションとなり、平均価格帯が８０００万円台ながら販売を開始して早い段階で完売となりました。

この税金を使わないプロジェクトに関連して、子育てしやすい街としての池袋も打ち出されています。新装された区役所の近くにある公園も、ＰＦＩで運営されています。その結果、以前は一人で行くのは怖いともいわれていた池袋に、子育て世代が集まってきています。

不動産のありようにより行政が変わり、街も変わっていく——。ここでも決め手となったのが、空間を活用した建築です。単に空中資源を活用するだけでなく、行政が考え方を変えた結果として、革新的な不動産トランスフォーメーションが実現した好例です。

コンセッションやＰＦＩを活用するトランスフォーメーション

公的不動産のトランスフォーメーションには、公共と民間のボーダレス化があります。その際に使われる手法としては主に、コンセッション、ＰＦＩ、事業譲渡の３つがあります。

コンセッションは、公共施設についての所有権は公的機関に残したままで、運営権を民間事業者に売却して運営する方式を意味します。これにより公共施設について、民間事業者による安定的で自由度の高い運営を行えるようになります。その結果としてユーザーニーズを反映した質の高いサービスが提供されるようになることが期待できます。具体的には空港や道路、病院などの公共施設が対象となります。

ＰＦＩは、公共施設などの建築から維持管理、運営までを、民間の資金や経営能力、技術を活用して行う手法です。ＰＦＩ導入の目的は、国や地方公共団体の事業コスト削減に加えて、より質の高い公共サービスの提供にあります。日本では１９９９年に「民間資金等の活用による公共施設等の整備等の促進に関する法律」、いわゆるＰＦＩ法が制定されました。これを受けて２０００年にＰＦＩの理念とその実現のための方針を示す「基本方針」が策定されています。海外ではすでにＰＦＩ方式による公共サービスの提供が実施されていて、鉄道や病院、学校などの公共施設の整備や再開発に活用されています。

事業譲渡とは、公共事業を民間事業者にまるごと譲渡する方式です。その代表的な事例が、雇用促進住宅の廃止に伴う、民間への譲渡です。

おもにこの３つの手法を活用して、公的不動産のトランスフォーメーションは行われます。これにより公的機関サイドに新たな負担を発生させずに、民間サイドは投資に見合うだけの収益を得ることができます。いわばＷｉｎ－Ｗｉｎ関係の成立が、トランスフォーメーションを成功させるためのカギとなります。

コンセッション事例としての空港の運営委託

国際空港はもとより国内線専用の空港についても、日本の空港は政府によって所有・運営されてきました。そんななか、全国に先駆けてコンセッション事業を受託した事例が、２０１６年４月の関西国際空港と伊丹空港の民営化です。事業を受託したのは、オリックスとフランスのヴァンシ・エアポートによって構成される民間企業の関西エアポートグ

コンセッションにより民間企業が経営する空港

shiii / PIXTA（ピクスタ）

ループです。関西エアポートグループは、コンセッションの先駆的な事例として、民間ならではの発想やノウハウ、さらには民間の資金を最大限に活用した空港運営を行っています。同グループは、２０１８年４月には神戸空港の運営も受託しています。

また２０１６年７月には、東急株式会社や東急不動産、前田建設工業、豊田通商などの７社によって設立された仙台国際空港株式会社が、仙台空港の運営事業を開始しています。

仙台空港の民営化では、商業施設の運営改善とリニューアル、空港の利便性向上、空港の脱炭素化推進などの取り組みに力が入れられました。その結果、コロナ禍に見舞われる前の２０１７年度から２０１９年度までは、３期連続で過去最高の国内線旅客数を更新し続けました。コロナ禍でいったん落ち込みましたが、すでに復調の兆しをみせていて、コンセッションの成功事例となっています。

その後も、高松空港、下地島空港、静岡空港、南紀白浜空港、福岡空港と、続々と空港の民営化が起こり、２０２０年１月には北海道内の７空港を一括する形での民営化がスタートしています。北海道では三菱地所や東急など17社の出資による北海道エアポートが、運営権を30年間委託されています。同社は２０４９年までに約４２９０億円の資金を投じて、路線数を２０２０年時点の２・４倍となる１４２路線まで拡張する予定です。九州では、２０２０年４月から熊本空港の民営化が進められ、２０２３年３月には新旅客ターミナルビルがオープンしました。

一連の民営化プロジェクトにより、空港の運営や経営に、不動産セクターによって培われたノウハウが投入されています。その結果、テナント管理、商業施設運営、収益管理などでコスト管理が刷新され効率化が図られています。またＡＩやクラウドサービスの活用など、さまざまなＤＸ関連の取り組みも空港内で積極的に展開されています。

またコンセッションの場合は運営権を売却した資金を公共サイドは獲得することができます。この資金をもとに過去の借金などを返済することも可能です。関西空港の場合には2兆円を超える金額になっています。

将来を見すえた新しい空港ビジネスモデルの構築 ～海外の事例

アメリカの経営コンサルティング会社A.T.カーニーが2020年に公開したレポート「Building future-ready airport business models」には、世界各地での事例を踏まえた考察があり、これからの空港ビジネスモデルを考えるうえで参考になる海外の事例が紹介されています。

レポートでまずアピールされているのが、空港のビジネスモデルを刷新する必要性です。景気後退など外部からの影響を受けやすいのが、空港ビジネスの特徴です。そのような外的ショックへの対応策として、非航空部門による収入増が推奨されます。

具体的には空港ターミナルでの小売や飲食、免税品販売などです。もとよりこれらから

シンガポールのチャンギ国際空港

tabiphoto / PIXTA（ピクスタ）

得られる収入も、旅客に大きく依存しています。だからこそ事業の多角化が不可欠であり、不動産の活用などにより収益をあげる必要があるのです。

例えばシンガポールのチャンギ国際空港では、空港の中心部にエンターテインメントと店舗の複合施設「Jewel」を建設しました。この施設の特色は、来場者が旅客だけにとどまらないことです。13万㎡を超える敷地には300軒近い小売店や飲食店、エンターテインメント施設や宿泊施設が整備されています。さらに2000本の本物の植物が植えられ、自然との共生を実現した新しい空港施設の方向性を示しています。

また、ドイツのフランクフルト空港では、第1ターミナルにつながる形で商業ハブの「Squaire」が開設されました。延べ面積14万㎡の拠点に、オフィス、小売店、託児所、レストラン、サロンなどのサービス施設が入居しています。やはりメインターゲットとして想定されているのは、空港利用者以外の来訪者です。

「Jewel」や「Squaire」などの複合施設に共通するのは、空港ターミナルにつながっていながらも、そのメインユーザーに旅客を設定していない点です。いずれの施設も空港ターミナルに接続していますが、空港に行かなくても利用できます。非航空関連収入が空港の新たな収益源となっているのです。

また、空港運営企業であれば、その空港運営自体を新たなサービスとして展開することが可能です。

例として、ドイツを本拠として２０１９年時点で世界各地で25空港を運営しているフラポートグループは、各国での空港管理や運営サービスなどの国際的な活動により、収益の

48%を得ています。具体的な事業内容は、商業エリアの計画と設計、さらにリースまで含まれています。特にアメリカでは、ボルチモア、クリーブランド、ナッシュビル、ニューヨーク、ピッツバーグ、ニューアーク（ターミナルB）など複数の空港で経営権（コンセッション）を所有し、小売店や飲食業者を対象にサブリース事業を展開しています。

空港の施設としての進化とビジネスモデルの進化は世界的に進展しています。この流れはすでに日本でも始まっていますが、世界の動向とコロナ後に増加している航空需要を考慮すると、さらに進展する可能性があると考えられます。

民間による公共施設再構築

２０１７年に都市公園法が改正され「Ｐａｒｋ－ＰＦＩ（公募設置管理制度）」が制定されました。これにより公園の整備や改修に民間企業の参入が促されるようになり、官民連携事業が各地で進められています。

その一例が渋谷にある「MIYASHITA PARK」です。これは三井不動産株式会社が渋谷

MIYASHITA PARK

区との官民連携事業として、渋谷区立宮下公園の再整備に取り組んだプロジェクトです。その設計施工を担当した竹中工務店によれば、プロジェクトで目指されたのは、次のような内容です。

「ＪＲ山手線・明治通り・渋谷川暗渠《あんきょ》に挟まれた長さ約３３０ｍの公園全体を、立体都市公園制度を活用し地上約17ｍに島状に浮かせ、下３層に商業施設、原宿側端部にホテルを併設しました。公園を中心に諸施設が融合し、多種多様な人々の交流やライフスタイルを受け入れる新しい形の都市公園として、良質な都市インフラとなることを目指しました」

ここでは、容積活用による不動産トランスフォーメーションの考え方も取り入れられています。歴史を振り返ると、元の宮下公園は平地につくられていて、それが１９６６年に渋谷川の暗渠化に伴って、人工地盤の上に持ち上げられました。1階部分には駐車スペースが設置され、完成当時は東京初の空中公園として話題になりました。

ところが、1990年代からこの一帯はホームレスの集まる場所と化してしまいました。この状況を変えるために、公園を一気に高さ17mの空間に持ち上げ、その下層に商業モールを入れたのです。公園の北端にはホテルが建てられています。大胆に空間の構成を変えた結果、にぎわいのあるパブリックスペースの誕生につながっています。

東京ミッドタウン八重洲

Ryuji / PIXTA（ピクスタ）

民間の超高層ビルに公立小学校が入るという、前例のない再開発事業も展開されています。三井不動産によって開発の進められた「東京ミッドタウン八重洲」では、地上45階、高さ240mの複合ビルに、高級ホテルの「ブルガリホテル東京」、オフィスや商業施設とならび、区立の城東小学校が入っています。

城東小学校の校舎は１～４階部分を使い、２階に体育館、３階にプール、４階には校庭が備えられています。もともと城東小学校の校舎が新設されるビルの敷地の一部に立っていたため、学校がまるごとビル内に取り込まれました。

小学校では子どもたちの出す大きな音が騒音リスクとなるため、入念な防音対策が施されています。屋上校庭には開閉式の屋根が設置され、子どもたちの声などの騒音が問題になる場合には、屋根を閉められるよう工夫されています。

雇用促進住宅を一括取得しリノベーション、低賃料で貸し出す

厚生労働省は２００７年２月に、独立行政法人雇用・能力開発機構（２０１１年に廃止、主要な施設・業務は独立行政法人高齢・障害・求職者雇用支援機構に移管）によって保有されてきた雇用促進住宅の譲渡・廃止を決めました。雇用促進住宅とは、労働者の地域間

移動の円滑化を図るために、雇用保険三事業の雇用福祉事業により設置された勤労者向け住宅です。

その民間への売却に際して、全国47都道府県にある１０６６物件、総住戸数10万戸を超える団地を一括取得したのが、フォートレス・インベストメント・グループです。取得した物件を同グループは「ビレッジハウス」ブランドで再生しています。

同グループでは、取得からリノベーションまで一括で手がけることにより極力コストを抑えた結果、低賃料での貸し出しを実現しました。１０００カ所を超える全国の団地においては単身者からファミリー層、高齢者や外国人労働者など、幅広い層が入居しています。

例えば２０２３年9月1日から新たに入居者募集の開始された、三重県四日市市のリノベーション団地「ビレッジハウス笹川」では、その特長が次のように記されています。

・総敷地面積約15万㎡、61棟１７２６戸の大規模団地
・ペット飼育が可能、敷地内にドッグランを設置予定
・敷地内に公園やスーパー、コンビニ、郵便局、入居者が利用できる集会所もあり
・保育所、学校、病院が周辺にあり、単身者からファミリー、ご高齢の方まで暮らしやすい

ビレッジハウスの例

yamahide / PIXTA（ピクスタ）

・周辺にはバス停も多く、バス利用で四日市駅まで約30分でアクセス可能
・専属の管理人、在日ブラジル人管理人が常駐しポルトガル語も対応

築53年の団地を再生した２ＤＫから４ＤＫまでの物件を低賃料で提供し、エアコン、ガスコンロ、温水洗浄便座、ＴＶドアホンなどオプションでの追加設置にも対応しています。

同グループが管理する団地で管理人を務めているのは、平均年齢67歳のシニアたちです。シニア管理人たちはスマートフォンなどを活用して管理業務を行っており、デジタルツールを駆使した働きぶりが評価されて、一般社団法人 at Will Work 主催の「Work Story Award 2020」で「テクノロジー・ツールの活用、ＤＸの推進」のテーマ部門賞を受賞しています。

シニアとはいえ平均年齢が67歳ほどであれば、少なくとも40代ぐらいから仕事でパソコンやインターネットを使っていた世代で、デジタルツールを苦もなく使うことができます。デジタル活用での業務効率化によって、管理人の業務負荷を下げられます。

リノベーションから管理システムまでを含む先進的な取り組みは、民営化による不動産トランスフォーメーションの好例といえます。

公立病院にPFIを導入

日本全国には、約９００の公立病院があります。近年、これらの多くで経営状況の改善、医療機能の明確化、施設老朽化への対応などが求められています。このような状況のもとで、病院の整備や維持管理を効率的に行う手法として注目されているのが、ＰＦＩです。

ＰＦＩは１９９９年のＰＦＩ法制定以降、着実に実施件数を増やしてきました。しかし病院については、ＰＦＩ事業があまり実施されてきませんでした。そんななかで、東京都

東京都立多摩総合医療センター

sunny / PIXTA（ピクスタ）

は２００６年から多摩総合医療センターおよび小児総合医療センター整備等事業を展開しました。都内にある４つの都立病院を多摩メディカルキャンパス内に新病院として再編・整備し、新たな医療サービスを提供しています。

このＰＦＩ事業を推進するために、清水建設によるＳＰＣ（Special Purpose Company：特別目的会社）として多摩医療ＰＦＩ株式会社が設立され、その運営を担っています。同社は施設マネジメント、運営サービスマネジメント、院内物流マネジメント、情報マネジメント、経営支援マネジメントの５つの領域で全業務を統括的にマネジメントしています。従来は領域ごとに個別に民間企業と契約を結んでいました。これらを一括委託して、業務間の連携を強化し、コスト面でも効率的な病院運営を実現します。

今後はさらに外来がん検査・治療センターと難病医療センターも再整備し、先行する２病院の運営も合わせて一括でＰＦＩ化する予定です。自治体によって運営されている公立病院の多くが、経営面で何らかの課題を抱えています。その課題解消のシンボルとして、多摩総合医療センターの今後の展開には大きな期待が寄せられています。

労働生産性の低い日本の現状

２０２２年のＯＥＣＤ（経済協力開発機構）データによれば、日本の時間あたり労働生産性は52・３ドルとなっています。これはＯＥＣＤ加盟38カ国中30位と、２０２１年から２つ順位を下げていて、データ取得可能な１９７０年以降では最も低くなってしまいました。ちなみに１９７０年の時点では19位であり、その後２０１６年頃まではずっと20位付近をキープしていたにもかかわらず、それ以降は下落傾向となっています。

日米の産業別の付加価値1単位あたりの労働投入量比較

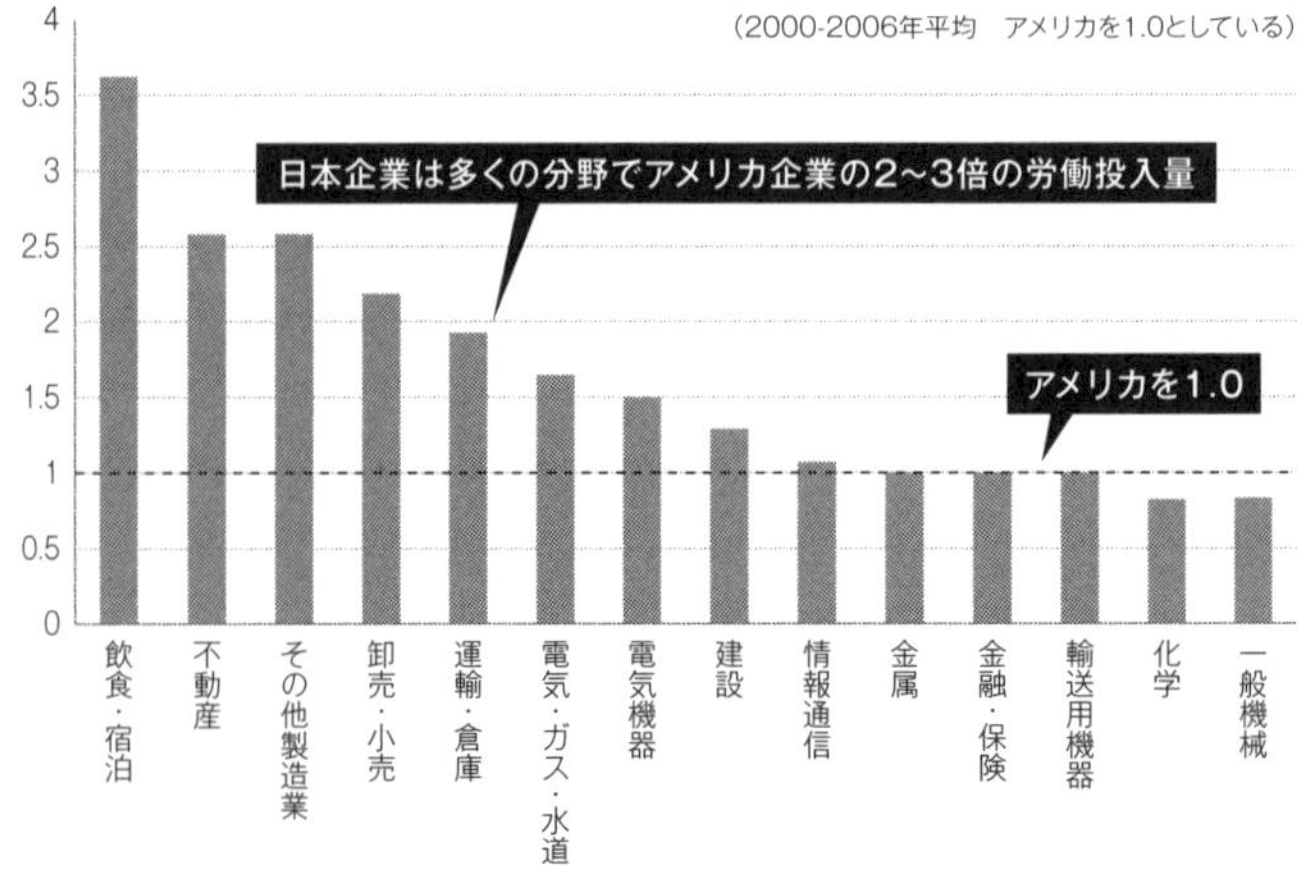

厚生労働省「平成27年版　労働経済の分析−労働生産性と雇用・労働問題への対応」を基に作成

また一人あたりの労働生産性でみると、日本は８万５３２９ドルで38カ国中31位です。この数字はハンガリーやラトビアなどの東欧・バルト沿岸諸国とほぼ同水準です。

アメリカを基準値として、産業別の付加価値１単位あたりの労働投入量比較をみると、日本企業は多くの分野でアメリカ企業の２〜３倍の労働投入量となっています。生産性でアメリカ企業を上回っている業種は、化学と一般機械だけです。

これほどまでに日本の労働生産性が低い理由としてよく挙げられるのが、

ＩＴ技術の活用の遅れ、労働市場の硬直性、企業文化と組織の問題などです。ＩＴ技術の活用とはすなわちＤＸと言い換えられます。だからこそ昨今多くの企業で、ＤＸの推進がテーマとなっているのです。労働市場の硬直性についても、特に若年層において終身雇用への意識が薄まるなど変化の兆しが見られます。

さらに不動産トランスフォーメーションの視点で注目すべきなのが、企業文化と組織の問題です。知的生産性向上のためには何を変えなければならないのか、という重要な問題解決につながるヒントを与えてくれたのが、コロナ禍でした。

コロナ禍によるテレワークが変えた働く人の意識

コロナ禍が引き起こした働き方改革とは、テレワークの進展です。コロナ禍以前でもテレワーク制度の導入は少しずつ進められていましたが、その動きをコロナ禍が一気に加速させたのです。

コロナ禍以前にテレワークを採用していた企業は４・１％にとどまっていました。これがコロナ禍により45・５％まで跳ね上がっています。企業の規模別にみると大企業での採用率が高く、産業別では情報通信業が突出しています。また東京都に本社をおく企業での導入率が高いのが特徴です。

テレワーク導入による企業サイドのメリットは、オフィスコストの効率化、育休女性の復職率アップなどによる離職率の低下、人事採用面での優位性、生産性向上の4つに大きく分類されます。なかでも単純な在宅勤務だけでなく、サテライトオフィスを併用している企業では、特に生産性の向上が強く認識されています。

一方で働く人にとっても、テレワークはさまざまなメリットをもたらしました。通勤時間の削減に加えて仕事時間を柔軟に調整できるようになり、ワークライフバランスが向上しています。さらに意外に大きいのが、生産性の向上です。オフィスにいるときと比べ、外部からの干渉要因が大幅に削減されることで作業への集中力が高まるためと考えられます。

このようなテレワークを体験して、企業と働く人の双方が、ワークプレイスに対する意識を大きく変えました。

どのような環境が働きやすいのか

働く人の気づきとは、働く場所、すなわちワークプレイスに対する意識です。少し前までの日本のオフィスとは、四角い殺風景な空間に、ねずみ色の机がひたすら並べられているスペースでした。中小企業クラスなら30坪程度、大企業になると１０００坪ぐらいの広さにズラッとグレーの机が並んでいたのです。そして、仕事をする場所としては、それが当たり前だと誰もが何も疑問をもっていませんでした。

しかし、コロナ禍によりいきなりテレワークをやらざるを得なくなり、自宅で仕事をしてみると、意外と快適に進めることができたのです。もちろん在宅ではできない業務があったり、ペーパーレス対応が不十分でハンコを押さないと業務が進まなかったりするなどの問題は起こりましたが、ハンコ問題などは、これを契機に進められたデジタル化により一気に解決しています。そのほかにも、デジタル化によって在宅勤務の生産性には改善傾向が見られました。むしろ、テレワークに対応するために、半ば強制的にＤＸが進められたといっても過言ではありません。

実際に導入してみると、テレワークには働く人の多様なニーズに対応できるメリットが多くあると分かりました。テレワークでの生産性も、徐々に向上しつつあります。テレワークでは難しいと思われていた仕事についても、デジタル技術の活用によって業務改善が進んでいます。当初は問題視されたコミュニケーションについても、Zoomなどを活用したオンラインミーティングや、Teams・Slackなどのメッセージツールへの習熟度が高まるにつれて改善が進みました。

こうして多くの人に、「なぜ今まで、みんな一律に、同じようなオフィスで仕事をしなければならなかったのか」という気づきが生まれた結果、ワークプレイスビッグバンが引き起こされたのです。

ワークプレイスビッグバン～働く場所を変えて知的生産性を高める

「なぜ、あらゆる仕事をオフィスでやらなければならないのか」という気づきを契機として、ライフスタイルや仕事への考え方に対する変化が、一気に加速しました。そうした状況において個人の活躍を維持向上するには、多様なニーズを取り込んだワークプレイスが求められます。

もとよりコロナ禍以前から、企業もワークプレイス改善の必要性には気づいており、企業間のコラボレーションを進展させたり、知的生産性向上の観点などからシェアオフィスを利用したり、オフィス内でのフリーアドレス制を導入したりするなど、ワークプレイスの多様化が進められていました。

こうした動きがコロナ禍を機に一気に加速しました。その結果、都会の事務所空間だけに限定されていたオフィスが、郊外や地域あるいは地方を含む広域的なワークプレイスに広がりました。まさにワークプレイスの「面的拡張」が始動したのです。

私が理事として参加している公益社団法人日本ファシリティマネジメント協会では、主に企業を対象に最新の資産戦略や、マネジメント手法の普及を推進しています。同協会では、ワークプレイスがオフィスだけでなく都市や地域、全国に拡張する様子についてワークプレイスビッグバンと定義しています。そのイメージ図を次ページに示します。この図では、縦軸をその空間の開放度、横軸をその空間の地域的な位置づけとし、各種ワークプレイスの位置づけを示しています。これを見れば分かるように、従来のオフィスは最下部に位置づけられ、その多くが都市部のいわゆる事務所空間です。一方で近年、急速に増え

ワークプレイスビッグバンの俯瞰図

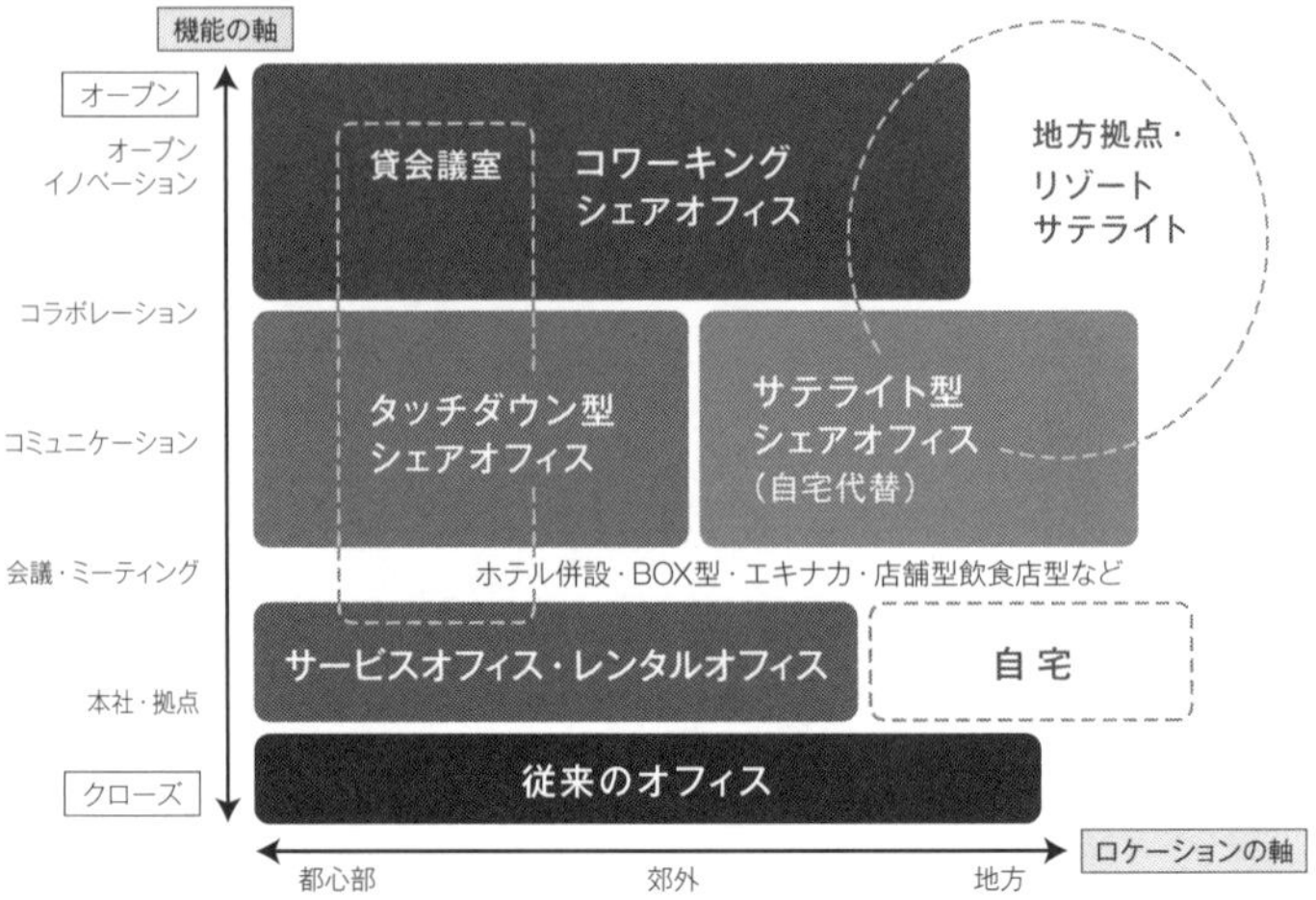

ザイマックス不動産総合研究所開示資料を基にFM推進戦略委員会にて作成

ているのが、さまざまな目的で複数企業が利用するシェアオフィスです。シェアオフィスにはサービスオフィス・レンタルオフィス、タッチダウン型、サテライト型、コワーキングなどが含まれます。

　シェアオフィスは都心での本社機能の補完施設や企業関連系のイノベーション創発施設、さらには在宅勤務の補完施設としても活用されています。さらには地方拠点として遠隔のリゾートにもオフィスが設置されるなど、まさにワークプレイスビッグバンが起きているのです。誰もが必要に応じて、自分で働く場所を選べる状況となっています。

仕事内容に最適化されたオフィス環境

ワークプレイスのあり方について、1983年に建築家のロバート・ルケッティがABS（Activity Based Setting）を提唱しました。これはパソコンベースの働き方を土台として、仕事に合わせてオフィス環境を構築する考え方です。その結果、従来の固定席から業務に合わせて席を移動する様式が生み出されました。これにより欧米ではノンテリトリアル・オフィス（固定席を持たないオフィス）の考え方が普及していったのです。

このABSを基に考え出されたのが、ABW（Activity Based Working）です。これはオランダのワークスタイル戦略コンサルティング会社 Veldhoen + Company によって開発された概念です。

まず数種類のアクティビティ（仕事や業務）を想定し、それを実施しやすい環境をつくります。フリーアドレス制を前提として、集中作業や共同作業、コミュニケーションなど仕事の内容や目的に応じて、働く人は働く場所を自由に選択し、自由に移動することができます。

ＡＢＷを導入する目的として、働く人の仕事に対する意欲を高めて生産性向上につなげられる点があります。また、効率よく仕事をできる場所を自由に選べるなら、仕事をする場所は本社などのオフィス空間以外も選択肢となります。その結果、都心の事務所空間だけで定義されていたＡＢＷは今や、郊外や地域・地方を含む広域に広がっているのです。これがワークプレイスビッグバンです。

ワークプレイスビッグバンをひと言で表すなら、「仕事をする場所が、いろいろなところへ爆発的に飛び散った状況」となります。この変革を受けて誕生したのが、新たな不動産トランスフォーメーションである、不動産のサービス化です。

不動産のサービス化

オフィスは固定の場所であり、働く人はみんなオフィスまで通勤してきて働くというのが、少し前までの「固定」観念でした。これに対して、ワークプレイスビッグバンによって新たに生み出されたのがサービスとしてのオフィス、フレキシブルオフィスです。

フレキシブルオフィスとは、レンタルオフィス、シェアオフィス、サービスオフィス、コワーキングオフィス、サテライトオフィスなど、従来のオフィスのように固定ではないオフィスの総称です。

　このフレキシブルオフィスが東京23区内に１２６０拠点あり、しかもその数は年々増加しています。総面積は約23・９万坪となっていて、オフィスストックの約１・８％に相当します。また東京23区内のフレキシブルオフィスのうち、総拠点数の66・３％、総面積の84・１％が都心５区（千代田区・中央区・港区・渋谷区・新宿区）に集中しています。市場拡大の背景としては、オフィスの専用部以外にも、オフィスの共用部や駅、宿泊施設、商業施設、金融機関などさまざまな場所にフレキシブルオフィスが浸透していることや、拠点タイプが多様化していることが考えられます。

　これにより、不動産をサービスとして利用する動きが一気に強まり、サービスとして提供されるようになりました。サービスの利用方法はその都度利用料などを支払う従量料金制もあれば、会員制などの定額制もあります。以前ならオフィスを利用するためには、所有者になるか借家契約を行うしかありませんでした。借りるためには、複数年契約に基づく借家契約が必要で、身元保証人も欠かせないものでした。場所やスペースによっては中小企業には貸してもらえない、などの弊害がありましたが、それらを考慮する必要がなくなったのです。

ＭａａＳ（マース：Mobility as a Service）という言葉があります。これは、国土交通省によって定義された新しい概念で、「地域住民や旅行者一人一人のトリップ単位での移動ニーズに対応して、複数の公共交通やそれ以外の移動サービスを最適に組み合わせて検索・予約・決済等を一括で行うサービスであり、観光や医療等の目的地における交通以外のサービス等との連携により、移動の利便性向上や地域の課題解決にも資する重要な手段となるもの」と定義されています。

このＭａａＳにならうなら、不動産のサービス化はReal Estate as a Service、つまりＲａａＳといえるかもしれません。不動産のサービス化はまったく新しい概念であり、新たな不動産トランスフォーメーションとしてとらえられます。

全国の不動産を「空間×時間」として貸し出すサービス

不動産のサービス化の進化形といえるのが、株式会社Rebaseの提供する「instabase（インスタベース）」です。このサービスの特徴は、株式会社Rebase自身が基本的に自社で不動産をまったく持たないという点にあります。

「instabase」は、レンタルスペースの予約プラットフォームです。全国にある不動産を「空間×時間」としてとらえて、特定の場所を特定の時間だけ貸し出します。貸し会議室、セミナー会場、レンタルスタジオ、レンタルキッチン、レンタルサロンなど、全国3万5000件以上の空間、部屋、建物が登録されていて、それらを時間単位で貸し借りすることができます。

株式会社Rebaseは、これらの空間には何も手を加えず、ただ貸し手と借り手をマッチングして貸し出すだけです。これが顕在化していなかったシーズとニーズをマッチングさせる、意外なイノベーションとなりました。

例えば、出張先で会議をしなければならないとき、instabaseにアクセスして条件を入力すれば、候補物件がリスト表示されます。それを予約して事前に決済すれば、スペース入り口に設置されたキーボックスの暗証番号が送られてきます。利用者が暗証番号を入力すれば、予約した時間帯でその物件を利用できるというわけです。

全国各地には、空いているスペースが膨大にあります。市民プラザなどの公共施設内にある各種スペースがその典型です。空きスペースを放置しておくのは無駄であり、所有者は少しでも多くの人に使ってもらいたいと考えていました。そして、スペースがあれば使いたいと思っていた借り手が、実はその空きスペースの近くにたくさんいたのです。

貸し出すスペースの所有者としては、使ってもらえばもらうほど収益になりますから、評判を落とさないよう、清掃などをきちんとします。借り手にしても、何か問題を起こしたりすれば次からinstabaseを利用できなくなるので、問題を起こすようなことはしません。こうして健全な関係性を保って貸し手と借り手をマッチングするサービスは、年間87万８０００件の契約が成立しています。

株式会社Rebaseは、日本最大級のレンタルスペースの予約マッチングプラットフォームを提供する企業として、東証グロース市場に上場しています。不動産トランスフォーメーションの一つである不動産のサービス化の、シンボルともいえる企業です。

償却済みの建物を有効活用する

日本にはすでに償却を終えた建物が数多くあります。償却済みあるいは耐用年数を過ぎたという言葉が意味するのは、本来は会計上の帳簿価値がないということですが、言葉の印象として建物の価値そのものがゼロであり、これ以上は使用に耐えられないと思ってしまいます。日本の公的機関によって保有されている建物の多くはすでに償却済みなので、その帳簿価格はゼロとなっています。しかし、だからといって何の価値も生み出していないかといえば、決してそんなことはありません。

例えば市役所庁舎や県庁舎などの建物の多くは償却を終えているはずですが、建物自体は良好な状態に保たれ、今でも使い続けられています。帳簿上の価値はないにもかかわらず、今でもそこで業務が行われているのだから価値は創出されているのです。価値を計測する手段がないだけで実質的には価値を提供できているわけであり、この価値を確認できるようになれば、日本にとっては貴重な資産となります。そのための手段が、不動産トランスフォーメーションです。

このように、帳簿価値がゼロではあるが実質的には価値を持つ公的建物が、日本にはいくらでもあります。こうした「目に見えない」資産を「見える化」すれば、日本全体の価値の見直しにつながります。

また、償却済みの建物を所有しているのは官公庁だけではありません。民間企業も償却済みの建物を数多く保有しています。それらは基本的には、耐用年数に達するまで既存の用途で使い続けられますが、さまざまな事情により閉鎖されることがあります。

例えば、ある工場で生産していた製品が廃番になったときに、次に展開を計画している製品の製造にそれまでの生産ラインを転用できるのであれば、その工場を存続することができますが、そうでない場合、あるいはそもそもその領域から撤退するケースにおいては、工場閉鎖が選択肢として挙がることになります。

仮に閉鎖となった場合、工場を取り壊して新たな領域での新製品製造のため工場を新設する、更地にして売却する、などの案が検討されたうえで、最も費用対効果の高い施策が選択されます。時には工場の生産ラインは使い続けられないとしても、併設されている事務所などの建物は再利用可能なケースもあります。しかし、こういった場合、工場だけを閉鎖して事務部門を残すということはまずなく、工場と併せて扱われ、処分されるというのが基本でした。

ところが、そのようなこれまでの常識を見直す動きが、実は20年ぐらい前から起きています。利用可能であるにもかかわらず企業の都合で処分されていた物件を、庁舎の新築や建て替えを行うだけの財政的な余裕のない行政機関が再利用するという、ストック活用の不動産トランスフォーメーションが起きているのです。

生命保険会社ビルを総合庁舎として活用：目黒区役所

２０００年10月、千代田生命保険が経営破綻しました。同社は１９９６年度までは、いわゆる大手生保8社の一つとされていましたが、バブル崩壊の影響などもあって業績が急激に落ち込んでいました。倒産時の資産は約2兆２０００億円で、債務超過額は約５９５０億円となっていました（「生命保険会社の破綻処理の概要」金融庁）。

同社の歴史は古く、その設立は今から１００年以上も前の１９０４年です。戦前は五大生命保険会社の一つとされ、戦後も大手生保の一角であり続けました。その後、バブル期に業績を伸ばしたものの、バブル崩壊とともに経営状況が一気に悪化し、倒産に至ってしまったのです。

千代田生命保険の本社ビルは、建築家の村野藤吾の設計により、１９６６年に建てられました。経営破綻したのは、本社ビルが建てられてから34年後であり、ビルそのものはまだまだ使える状態だったのです。これに目をつけたのが、区役所庁舎の老朽化問題を抱えていた目黒区でした。

当時の目黒区庁舎は１９３６年に建てられ、その後１９６１年に新館、１９６７年に本館が増築されていました。さらに分庁舎なども整備してきましたが、いずれも耐震補強や狭いスペースなどの問題を抱えていたのです。

そのタイミングで千代田生命保険の経営破綻があり、目黒区に対して本社敷地と社屋の取得が打診されました。これを受けて目黒区は区議会などで検討の結果、これらの取得を決定し、２００２年から改修工事を行っています。建物自体は村野藤吾の代表作として知られていたためビル本体には手を入れず、広場や池、緑などもそのまま活かされています。一方で内部については、ＩＴ化への対応などを踏まえて床を二重式のＯＡフロアと

目黒区役所

するなどの改装が行われています。２００３年3月に竣工した改装ビルは、今も目黒区役所として使われています。

１９６６年に建てられて以来、すでに半世紀を経過していながら、その内外装から古びた感じはまったく受けません。建物自体の耐用年数を考えれば、まだ数十年は使用可能と考えられます。民間ストックを公共が活用した好例といえます。

工場の管理棟を市役所の新庁舎として活用：山梨市役所

閉鎖の決まった工場を購入してリニューアルし、市役所の新庁舎としたのが山梨市です。２００５年3月、旧山梨市、旧牧丘町、旧三富村の3市町村が合併し、新たな山梨市が発足しました。合併すれば旧山梨市の市役所庁舎では手狭となるため、新たな市役所庁舎が必要となります。そこで同市は、前年に閉鎖されていた電子機器メーカーの工場に着目しました。旧庁舎に隣接する広大な土地には、工場のほかに事務所棟もあります。当時の山梨建設新聞には次のような記事が掲載されています。

＊＊＊＊＊

山梨市、牧丘町、三富村の３市町村は、今月22日に合併し新「山梨市」として発足した後に、昨年閉鎖した電子機器製造受託サービスの「セレスティカ・ジャパン」（本社・東京都千代田区）旧山梨サイトの土地を、今月末までに購入すると発表した。購入する土地の敷地面積は４万２７９㎡。同用地には、セレスティカが使用していた事務所や工場などもあり、これらの施設は無償で譲渡される予定。同施設は、新庁舎として利用することも視野に入れているものの、現段階では活用策や施設の改修を行うかなどは未定。合併後に庁内でプロジェクトチームなどを組み、今後の方向性を決めたいとしている。

〈中略〉

新市が購入する土地は敷地面積が４万２７９㎡。無償譲渡される施設は、ＲＣ造５階（一部６階）建ての事務所と２階建ての工場で、両施設の延べ面積は２万１２０９㎡。また、倉庫（２棟）、体育館、集会室、グラウンドも併設している。購入の見込み額は約８億円で、一坪当たり約７万円。３市町村によると、同土地の評価額は１坪

21万円とのこと。財源は、国から交付される合併市町村補助金や来年度分の合併特例債を中心に充てる見込みだ。

中村照人山梨市長は、「行政のまちづくりの観点から、購入することとした」と説明。また、山梨市の総合政策課によると、現山梨市の庁舎が老朽化していることから、新庁舎として利用することも活用策の一つとして考えていく方針。合併後、町内にプロジェクトチームや検討委員会を設け、方向性など探るとしている。

＊　＊　＊　＊　＊

記事が書かれた段階では、施設の新庁舎としての利用については、まだ検討段階でした。その後検討が進められ、最終的には事務所を新庁舎として活用するだけでなく、工場も建屋をそのまま残して耐震改修をしたうえで、内部空間を改装しました。工場の1階部分は事務執務室として使われ、２階は議場などに活用されています。

市役所としては、土地を安価で購入できるうえに、新たに市庁舎として活用できる建物を無償で入手できたのですから、相当にメリットの大きな取引となっています。竣工年を確認すると、工場棟は１９７０～１９７４年、事務所棟は１９８９年です。２００５年の段階で工場棟は築後31〜35年、事務所棟は16年と、耐用年数にはまだまだゆとりがあります。

この取引はおそらく、企業にとっても相応のメリットのある案件になったと考えられます。工場跡地を、例えばショッピングモール開設を手がけるデベロッパーなどに売却するとすれば、自己負担で土地を更地にして提供する必要があります。現状で提供することを望む場合は、更地にするための整備費用などを減額した価格での売却になったと推測されます。いずれにしても売却する企業には、追加負担が発生したと考えられるのです。これに対して、建物を譲渡するのであれば、取り壊して更地にする経費をかけず土地を売却できる取引となります。

民間企業の事務所などが行政機関によって活用される事例はありますが、工場までを工夫して活用する例はまれです。その意味でも、この事例は不動産トランスフォーメーションの新たな可能性を示してくれたものと考えられます。

企業の事業縮小に伴い本社ビルを市役所新庁舎として活用：守口市役所

大阪府守口市では、電機メーカーの再編による資産圧縮とうまくタイミングを合わせて不動産トランスフォーメーションが行われました。

守口市に本社をおいていた三洋電機は、２００９年にパナソニックに買収されました。その後、２０１１年にはパナソニックの完全子会社となっています。ところが２０１３年にパナソニックは大幅な赤字となり、手元資金を確保する必要に迫られていました。そこで検討されたのが、子会社となっている三洋電機本社ビルの売却です。

ちょうどそのタイミングで市役所庁舎の移転を検討していたのが、三洋本社ビルの近隣に位置する守口市役所でした。市役所では旧庁舎が築62年を経て老朽化が進んでいたため、市庁舎の移転や改修などを検討するプロジェクトチームを立ち上げていたのです。

プロジェクトチームでの検討事項を市民に説明する「守口市タウンミーティング第９回市長ふれあいタウンミーティング会議録」には、プロジェクトの内容が次のように説明されています。当時の田中庁舎整備準備室長による資料説明をもとに、その概要を抜粋します。

・現状の市庁舎は築60年を経過し、天井破損、壁面の剥がれ、雨漏りなどがありながらも、大規模な補修は行わず、その都度最低限の補修を行っている。

・執務スペースが狭く、庁舎が分散されているため来庁者にも不便をかけている。

・庁舎検討プロジェクトチームを設置し、さまざまな検討を行った結果、次の5つの方針を定めた。

1. 安全・安心を支える拠点としての庁舎
2. 市民サービスと事務効率の向上が図れる庁舎
3. あらゆる人にやさしい庁舎
4. 住民自治の拠点となり親しまれる庁舎
5. 環境にやさしく周辺環境と調和した庁舎

・新庁舎の位置については地方自治法を踏まえて検討した結果、地下鉄守口駅周辺が最適との結論に至っている。

・新庁舎の整備方針については、現在地の建て替え、市遊休地での建て替えとして市民会館跡地での建て替え、また既存施設の活用として旧三洋本社ビルの活用の３手法について比較検討を行っている。庁舎に必要な面積を駐車場なども含めて約２万３０００㎡として検討している。

・この面積を前提とするなら、現在地での建て替えと旧三洋本社ビルの活用は条件を満たしていて、市民会館跡地での建て替えでは庁舎の分散が必要となる。

・本体建設工事費については、現在地での建て替えが約87億円、市民会館跡地での建て替えが１０３億６０００万円となる。解体工事費については、現在地での建て替えが４億３０００万円、市民会館跡地での建て替えが３億７０００万円となっている。

・旧三洋本社ビルの購入については、固定資産税評価額を参考値として、土地購入費を含め約50億円を計上している。

・これらの結果、総整備費用は下記となる。

　現在地での建て替え：１０６億７０００万円
　市民会館跡地での建て替え：１０７億７０００万円
　旧三洋本社ビルの活用：50億４０００万円＋庁舎としての改修工事費

・整備期間については、建て替えの場合は建設準備から移転まで通常約７年ほどかかる。

旧三洋本社ビル活用の場合は、改修後、速やかな移転が可能になる。

その後、さらにプロジェクトチームによる検討が進められた結果、２０１４年９月に、三洋本社ビルへの移転を盛り込んだ補正予算案を市議会に提出して了承を得ました。実質的な移転コストを最も安価に抑えられるだけでなく、その段階で築後15年しか経過していないビルへの移転には、耐震性などが保証されていることや、設備も充実していることなど、数々のメリットがあります。

守口市役所

akira / PIXTA (ピクスタ)

最終的には土地の取得価格として約48億円、改修費用に約10億円がかけられたと報道されています。

建て替えと比較して、コストだけでなく移転期間も不要と極めて大きなメリットを得られた事例となっています。

この事例は、パナソニックによる三洋電機の買収と、市役所の移転時期がたまたま合ったために実現したものです。しかし、公的機関が視点と思考を変えて少し思いきった決断をすれば、新たな動きが生まれるという観点で、この案件もストック活用の不動産トランスフォーメーションの好例と考えられます。

規模縮小、減築により低コストでの長寿命化を実現：青森県庁舎

区役所や市役所に加えて、日本では県庁舎も築年数の経過した建物が多く使われています。それらの建物では老朽化はもとより、耐震強度の不足しているケースもあります。県

庁舎は、万が一の災害時には対策拠点の設置される場でもあり、耐震強度の確保は緊急課題です。

そのためにまず検討されるのが建て替えや改築ですが、どちらの場合でも巨額の費用と時間がかかります。人口の減少傾向が明らかな地域では、費用をかけて将来世代への負担を増やすのは、決して望ましいとはいえません。

青森県では、お役所が陥りがちな既成概念の枠を見事に取り払った思考によって、革新的ともいえる県庁舎の耐震・長寿命化事業を実現しました。

青森県では2004年からファシリティマネジメント（FM）の導入推進に取り組んできました。ファシリティマネジメントとは、次のように定義されています。

FMとは、「企業・団体などの全施設及び環境を経営的視点から総合的に企画・管理・活用する経営管理活動」と定義しており、組織体が保有し、あるいは使用するすべての業務用施設設備を対象として、そのあり方を最適に保つことを目的として、総合的、長期的視野に立ち、多面的な知識・技術を活用して行う計画、管理活動であると考えられています。

施設全体を対象とした『総合的視野』や、将来変化にも対応し得る『長期的視野』に立つこと、すなわち『経営的視点』であることがＦＭの大きな特長です。

青森県では、このファシリティマネジメントの考え方を取り入れ、できる限り経費を抑えながらも、行政サービスの向上に努めて施設管理を最適化する改革を行ってきました。その一環として実施されたのが、県庁舎の耐震・長寿命化改修事業です。

そもそものきっかけは、２０１１年度に行われた耐震診断でした。現状の県庁舎の一部に、耐震強度が十分でないとの判断を出されたのです。県庁舎については、耐震性能が不足しているだけでなく、１９６０年の竣工から半世紀以上が経過しており、老朽化が進んでいました。これを受けて耐震性能の確保と、今後40年程度の継続使用を目標とする改修工事が計画されました。

計画の目玉は「減築」です。耐震診断結果を受けて「減築」というプランが出てきた点に、このファシリティマネジメント推進グループの発想のユニークさが象徴されています。診断結果によれば、コンクリートの中性化は進行しておらず、鉄筋の腐食も進行していませんでした。そこから減築による耐震性強化の可能性が検討されるようになったのです。

減築後の青森県庁

PIXSTAR / PIXTA（ピクスタ）

減築とは文字どおり、建築物を減らすことです。青森県庁舎の場合、地上８階建てだった県庁舎を地上６階に減らす、すなわち２フロア分を撤去することが検討されました。上に乗っている重量物を撤去すれば、その分だけ耐震性は高まります。

　検討の結果、２フロア分の減築には特殊な工法が不要と判断されました。柱や梁《はり》などを切断し、クレーンでトレーラーに積み込み搬出する一般工法で対応できます。減築により、耐震補強に必要な補強量も少なく抑えられます。さらに、減築すれば床面積が減るため、改修工事費と維持管理費も削減できます。

減築のメリットを踏まえたうえで、耐震補強、免震、建て替えなどとの比較検討が行われました。

耐震性能については、建て替えが最も有効ながらも、コスト面で問題があります。今後40年程度という将来展望を踏まえて、最も現実的な選択肢として選ばれたのが、減築＋耐震補強でした。ちなみに国や都道府県の庁舎において、減築工事が行われたのは、この青森県庁舎が初めてのケースとなっています。

耐震強度の確保に加え、長期使用への対応として、外断熱化による躯体の保護、既存のエレベーターシャフトを設備配管スペースに変更してメンテナンス性を向上、などの工夫も取り込まれています。

このプロジェクトは、環境への配慮の面でも極めて優れていました。施設の長寿命化と環境改修により、全段階でのCO_2排出量削減に貢献しています。県庁内ベンチャーともいえるプロジェクトチームは、知事の働きかけによって手を挙げた若手が中心となっています。そのメンバーたちが「自分たちがこれから先もずっと働く場所は、どのようなものでありたいか」と考え、その理想を実現しました。これにより青森県は、第13回日本ファシリティマネジメント大賞で特別賞を受賞しています。

コストを抑えて、既存の不動産ストックを有効活用しながら、これから先、半世紀近く使い続けられる県庁舎にリニューアルした「減築」は、すべての場合に応用が可能とまではいえませんが、少なくとも耐震補強について、極めて有効な選択肢の一つとなります。

市街地中心部への縮小移転：長岡市役所

高度経済成長期から日本ではモータリゼーションが盛んになり、車での移動が一般的になりました。その流れを受けて、例えば大規模なショッピングセンターが、車での移動に便利な郊外につくられるようになりました。行政機関でも、狭隘な市街地中心部から、敷地にゆとりのある場所へと移転する動きが見られました。

新潟県長岡市でも、１９５５年に新築された3代目庁舎は、以前の市庁舎があった市街地中心部から、歩いて15分ほど離れたところに設置されました。さらに１９７７年に移転された４代目庁舎は、旧庁舎からだと歩いて20分程度、駅前の中心地からとなると徒歩で30分程度はかかる場所でした。

それが２０１２年、長岡駅前の中心市街地に移転されました。その際、４代目庁舎は地下１階・地上８階建てでしたが、新庁舎は地下１階・地上４階建てとコンパクト化されています。

長岡市も日本全体の潮流である少子高齢化の傾向にあり、人口は２０００年以降、減り続けています。年少人口と生産年齢人口が減る一方で老年人口が増えるという状況の中で、これからの市庁舎のあり方が検討されてきました。

４代目庁舎については、本庁舎に加えて分室が７カ所に分散しているほか、耐震性についても国の基準の６割程度の耐力しかない点が問題となっていたのです。そこで検討を重ねた結果、市街地中心部への縮小移転が選択されました。

同市のホームページに掲載されている「市役所移転に関する主なＱ＆Ａ」をみると、移転先が中心市街地とされた理由として、費用の問題を挙げています。移転先の候補は

長岡市役所

Mugimaki / PIXTA（ピクスタ）

長岡操車場跡地、中心市街地、現在本庁舎のある幸町の3つでしたが、中心市街地に移転する場合、ほかの移転先では受けられない国の補助金を受けることができ、耐震補強などと比べても費用を抑えることができたのです。また、市役所に多目的ホールや屋根付き広場を併設することで人が集まり、街の活性化につながるという効果も期待できました。

長岡市は新しい市役所の姿について、今よりも便利で、用事がなくてもみんなが気軽に立ち寄れる場所を目指していました。中心市街地は、車を運転できない人がバスなどでも来やすい場所です。ここでいう「車を運転できない人」とはすなわち、これから増え続ける高齢者のことを想定しています。庁舎をコンパクト化して、主要駅最寄りの中心市街地に移転するという長岡市の事例は、青森県庁舎のような大がかりな減築ではありません。けれども減らす・縮める選択肢は、人口減少社会となるこれからの日本にとっては、常に検討課題として考えておくべきであり、不動産トランスフォーメーションの一つの方向性になると考えます。

公と民を結ぶ新しい手法「サウンディング」

少子化の進む日本では、公立小中学校などの廃校が増え続けています。２０２２年に文部科学省が公表した「令和３年度　公立小中学校等における廃校施設及び余裕教室の活用状況について」によれば、２００２年度からの18年間で発生した廃校の延べ数は８５８０校で、そのうち施設が現存している廃校が７３９８校あります。これら現存する廃校施設については、全体の74・１％である５４８１校はなんらかの活用がされていますが、残る２０００校ほどの施設はまったく活用されていません。活用されていないもので用途が決まっていない理由は、建物の老朽化、地域などからの要望がない、などがあります。近年廃校の活用も進展しており、文部科学省ではその活用事例を公開しています。宿泊施設や研修施設に加えキノコの栽培、魚の陸上養殖などの農林水産施設も多く紹介されています。なかには市役所や水族館などの公共施設に転用された例もあります。運動場があるなど敷地にも余裕があるので、アイデア次第ではいろいろな用途に転換できると考えられます。このような取り組みはさらに推進すべきです。

まだ利用可能な廃校施設は、自治体にとっては貴重な財産です。基本的にすべて償却が終わっている建物であり帳簿価格はゼロなので、仮にこうした建物を所有する自治体が、民間に貸し出したり売却したりすれば、その利益が丸ごと自治体にとっての収益となります。

その際に課題となるのが、事業者に対する呼びかけです。事業者を募る方法としては、プロポーザル方式とサウンディング方式があります。

プロポーザル方式では、まず発注者が事業の目的や内容を明確に定義します。これを受けて事業者がプロポーザル、すなわち提案を行い、その内容を総合的に評価して発注先を決めます。

プロポーザル方式を行う場合、仮に廃校利用をテーマとするなら、発注者となる自治体がきめ細かな発注仕様を提示する必要があります。発注者側にも、ある程度のノウハウが求められるのです。このような作業は都道府県レベルであれば可能ながら、市町村レベルになると対応の難しいケースが多いと考えられます。

これに対してサウンディング方式とは、事業の概要や意図を発表して提案や意見を募る方式です。サウンディング方式であれば、公募により提案を募り、提案を評価すればよいので、特別なノウハウは不要です。ストック活用の手法として、このサウンディング方式が少しずつ採用されつつあります。

このようなサウンディング・マッチングを推進しているのが、特定非営利活動法人日本ＰＦＩ・ＰＰＰ協会です。ちなみにＰＰＰとはPublic Private Partnership、すなわち行政が行うサービスを、行政と民間が連携して民間のノウハウを活用し、サービスの向上と行政の業務効率化を図る考え方を表します。同協会が定期的に開催しているセミナーは、ＰＰＰ事業に関心を持つ企業とサウンディングを行う行政機関との出会いの場として機能しています。

廃校を利用して宿泊型英語塾として活用：前橋市

サウンディング方式で事業者を公募し、廃校となっていた小学校の再利用に結びつけた事例が、群馬県前橋市にあります。

同市のホームページに記載の「旧嶺小学校活用事業の事業者公募について」によると、２０１５年3月末をもって閉校となった旧嶺小学校の跡地について、サウンディング型市場調査により、民間事業者による活用の可能性について把握することができたため、既存建物および敷地の有効活用を図るとともに地域に貢献できる活用事業の実現に向け、活用事業の主体となる事業者を公募型プロポーザル方式により広く募集した、とあります。ここでいう「公募型プロポーザル方式」とはすなわち、サウンディング方式のことを示しています。

同市では「サウンディング型市場調査」として、市場性の把握、活用アイデアの募集、参入しやすい公募条件の設定の3点を挙げ、アイデアを募集しました。このアイデア募集のポイントは、求めるアイデアについての条件を設定した点にあります。事業アイデアについて、左記の点についての可能性を含めた提案を求めました。

1. 地域の活性化と様々な世代が暮らすにぎわいのある地域への貢献
2. 子育て・教育・文化を具現化できる地域への貢献
3. 人々が集い交流できる地域への貢献
4. 地域住民ニーズや地域課題への対応
5. その他（農業振興、観光振興、産業振興への貢献等）

この募集に応じ、高齢者福祉施設や英語体験施設、農産物加工施設などの事業アイデアが、合計16のグループから寄せられました。

寄せられたアイデアの中には、新エネルギー体験型交流施設や婚礼前撮り施設といった、行政内部だけでは提案されなかったであろう内容がいくつも含まれていました。このように多種多様なアイデアが寄せられ、しかもそれらが事業者からのアイデアである点にサウンディング方式のメリットがあります。事業者はアイデアを提出する前に、事業としての採算性を検討していますから、提案は基本的に採算がとれるはずのものであり、継続性のある提案であることを意味します。つまり、前橋市にとって継続的な賃貸収入の確保が見込める提案であるともいえるのです。

この中から最終的に選ばれたのが、英語体験施設です。そのコンセプトは、英語を使った各種体験学習プログラムによる英語村です。基本的に土地と既存の建物を一部改修してすべて活用し、英語教育と職業体験学習による地域貢献も目指すアイデアです。

前橋市は、提案を行った中央カレッジグループと、２０１６年４月から20年の定期建物賃貸借契約を結びました。２０１７年４月に「CHUO Global Village」がオープンし、「英語を使い、楽しく体験しながら、英語を学ぶ」施設が完成しています。子どもから大人までを対象とする幅広いプログラムが提供され〝生きた英語〟

「CHUO Global Village」

を学べる宿泊型の英語塾です。

この不動産トランスフォーメーションは、前橋市のストックである廃校を有効活用し、市の財政にとっての直接的な価値すなわち賃貸収入をもたらしています。さらに、通常の英会話教室では学べない実践的な英会話を学べる場を市民に提供するという価値も創出しています。

全国に２０００校ほど残っている廃校を、効率的に活用するためのアイデアは、廃校を管轄する自治体だけで考えるのではなく、広く民間からアイデアを募るサウンディング方式により、革新的でしかも実現可能性の高いものを得られる可能性が高くなります。

農林水産省の試算では一つの廃校を見学施設併設の農産物加工工場などに活用した場合には、売却益などに加えて１００人程度の雇用と17万人の観光客需要を創出するとしています。規模は小さいですが地域におけるインパクトは大きいものがあります。

築古ビルを活用しB&B施設へ転換：山岸工務店

行政だけではなく、民間企業によるストック活用の事例も存在します。

名古屋の企業である山岸工務店は、名古屋市内にある老朽化した事務所ビルをそのままの用途でリノベーションするのではなく、施設で楽しんでもらう遊び場をテーマにリノベーションしています。

単に元からある古びたオフィスビルの内外装を新しくしたとして、人口減少という大きな課題を考えたとき、それが地域に何らかのメリットをもたらす可能性があるのか、という視点から、山岸工務店のリノベーションは行われています。

２０２４年１月の時点で名古屋市内に８カ所展開されている宿泊施設「trive」は、「旅（travel)」と「暮らす（live)」を掛け合わせたネーミングのとおり、そ

既存建物の再利用

こに宿泊して、その地域での遊びを感じるという、地域活性化の視点による考え方が含まれたコンセプトをもっています。

既存ビルをできる限り活用すれば、建て替えや大規模な増改築と比べて、周辺環境へのダメージを最小限に抑えられます。それでいて通常のホテルとは建物形状がまったく異なるため、宿泊客は通常のホテルでは体験できない、より非日常的な時間を楽しめます。

さらに外部からの来訪者は、周辺の地域経済にも好影響をもたらします。「trive sakae」では地元の芸術大学との提携により、学生の作品を展示するイベントなども行っています。

宿泊客の想定には、インバウンドだけでなく、国内からの旅行者、さらには宿泊も楽しめる身近なイベントスペースとしての利用を想定した地域の若い人たちも含まれています。

宿泊施設へのビジネスモデルの変更により周辺同規模賃貸住宅の３・５倍の収益を獲得しています。また、民泊としての営業日数に制限があるなかで年間９００人の利用者を獲得しています。利用者は周辺の飲食施設や食料品店を利用するので老朽施設の資産価値を回復しただけでなく地域への経済効果も提供しています。

既存の建物の再利用については、建物はそのまま活用するとしても、そのビジネスモデルについて視点を変えて考えると新たな可能性が広がります。この視点変換も、ストック活用における重要なポイントです。

民間主導によるエリア全体の活性化：千島土地《ちしまとうち》

老朽化したビルや廃校などの処理を考える際に、ストック活用を前提としたビジネス展開ができれば、採算性を確保しやすくなります。ストックを活用せずに建て替えとなれば、投資額が大きく膨らみますが、既存のストックを活用できれば、そのような投資は不要です。

大阪の南西部、木津川の河口域に北加賀屋と呼ばれるエリアがあります。この地域は以前は造船業が盛んな町であり、その頃の町は造船所で働く多くの人たちの活気であふれていました。高度経済成長期には造船業の従事者が約2万人いたといわれていて、周辺地域には、その人たちの暮らす住宅やさまざまな商店などが栄えていました。

しかし時代が移るとともに造船所は相次いで閉鎖されていき、町は活気を失ってしまいました。この町をストック活用による不動産トランスフォーメーションでよみがえらせたのが、千島土地株式会社です。

同社は１９１２年に創業された老舗企業です。そしてそのルーツはさらに古く、創業者の芝川家は江戸時代からの豪商として、北加賀屋の多くの土地を所有していました。そのような経緯もあり、現時点でも同社は、北加賀屋の約半分に相当する23万㎡の土地を所有していて、以前からそれらを不動産として貸し出していました。

造船所の多くも千島土地の所有地に建設されており、造船所の閉鎖に伴って、不要となった不動産が次々と返還されてきたのですが、この際に千島土地の採用した手法が、極めてユニークなものでした。

それは、建物付きで土地を返還してもらうというものです。例えば１９８８年に返還された名村造船所は、敷地が約４万２０００㎡もあり、そこに工場や事務所棟が立っています。これを千島土地は一式すべて引き取りました。

これはもちろん、施設の再利用の可能性を考えての判断です。実際にプレジャーボートの基地にしたり、工場に音楽用のリハーサルスタジオがつくられたりしました。しかし、これらはどれも事業としては成立しませんでした。

転機となったのが、千島土地の前社長とアートプロデューサーの出会いです。２００４年に、連続36時間のアートイベント「NAMURA ART MEETING '04-'34（略称、ＮＡＭ）」

が開催されました。廃工場のスペースの広さを活かして、人を呼び込むアートイベントのスペースとして活用したのです。

造船所の再利用にアートの視点を持ち込むアイデアは、普通の企業からは生まれない発想です。画期的なイベントは大きな注目を集め、多くの若い人たちが来場したのです。これが千島土地に強い印象を与えました。主要産業が立ち退いてしまい寂れる一方だった町でも、アートの力を借りれば再び若い人たちを呼び戻せる可能性があるという、アートの力に対する気づきが北加賀屋活性化の根源となります。

早速、翌２００５年には、造船所の建物を一部改装し、創造スペースとして「クリエイティブセンター大阪（ＣＣＯ）」を開設します。アート複合スペースであるＣＣＯでの活動は国からの評価を受け、２００７年に名村造船所跡地全体が、経済産業省の近代化産業遺産に認定されました。

２００８年には旅館の借地人から土地返還の申し入れがありました。これを受けて建物も含めて引き取り、その運営をアートプロデューサーに委託して、アーティスト用のゲストハウス「ＡＩＲ（Artist In Residence）ＯＳＡＫＡ（現 Air Osaka Hostel）」としました。ここ

アート関連施設として再生された廃工場

でもアートの視点が千島土地にさらなるインスピレーションを与えました。同じ不動産についても、不動産業の視点とは異なるアーティストの視点を持ち込めば、まったく異なる空間が誕生し、新たな価値を生み出せる、という考えです。

　これを活かして生まれたのが「北加賀屋クリエイティブ・ビレッジ（ＫＣＶ）構想」で、アート関係者を北加賀屋に呼び込み、エリア全体をアートの力で活性化するための取り組みです。具体的には、千島土地が土地返還とともに引き取った工場跡や空き家などをアーティストに貸し出して、賃貸料を極力抑え、退去時の原状回復を不要としたうえで、居住するアーティストは内部などを自由に改装できるというものでした。

アーティストたちにとっては、安価な賃料で物件を借りられて、中を自由に改装して自分の城をつくれるのは、大きな魅力となります。しかも原状回復が不要で、改装を残したままで退去することができます。この自由度が多くのアーティストたちを呼び寄せ、古くて放置されていた物件が、アトリエやギャラリー、オフィスにバーなどさまざまな場へと生まれ変わりました。

なかでもユニークなストック活用の取り組みが、文化住宅の再生プロジェクト「千鳥文化」です。築60年の文化住宅に、アーティストたちが目をつけました。このような建物は、今からもう一度建てようとしても建てられない代物で、普通の人からみれば「単なるボロアパート」でも、アーティストの目を通せば「かけがえのない価値を持つ空間」に変わるのです。その結果、かつての文化住宅が、外観や建物の持つ空間のユニークさは維持されたまま、食堂やバー、イベントスペースなどを持つ建物に再生されました。

このような活動で、千鳥土地がエリア全体の活性化に力を入れている姿勢を象徴するの

文化住宅を再生した千鳥文化

が、長屋を改修したインフォメーションセンター「ク・ビレ邸」（２０１５年閉邸）です。若いアーティストたちが来てくれて人が増えるのは基本的によいことですが、以前から地元にいる人たちとの融和についても考える必要があります。北加賀屋でも高齢化が進み、住人には高齢者が多くいます。そのような人たちにとっては、ファッションや立ち居振る舞いが独特である若いアーティストたちは、奇異な存在に見えるかもしれません。

そこで、インフォメーションセンター内にバーをつくり、その運営を舞台監督らに任せました。といっても狙う客層はアーティストたちがメインではなく、あくまでも地元の人たちです。バーはアルコールを介して地元の人たちとアーティストたちが交流する場となり、千島土地の取り組みに対する地元の人たちの理解も深まりました。こうして地元の人たちを巻き込みながら、エリア全体の活性化を図っている点に、千島土地の戦略性があらわれています。

千島土地の考え方とその実践からは、30年程度とロングスパンで採算性を考える戦略思考と、人との出会いを大切にして、彼らのユニークな視点を取り入れるスピリットの2点を学ぶことができます。これらもストックを活用する不動産トランスフォーメーションに、極めて重要な示唆を与えてくれています。

※取材協力：千島土地株式会社　地域創生・社会貢献事業部アーカイブ室長・川嵜千代様、
地域創生・社会貢献事業部不動産事業部・福本貴美子様

ミニマムを選択する不動産トランスフォーメーション

不動産トランスフォーメーションのなかでも例外的な手法として、ミニマムな選択による不動産の活用があります。例えば、老朽化し建物を取り壊したあとに、新たな建物をつくらず、土地だけを利用するというものです。千島土地のプロジェクトの一つに、この事例があります。

千島土地が所有する土地の中に、銭湯として使われていた物件がありました。この銭湯も基本的には造船所で働く人たちを対象としていたため、造船所の閉鎖により利用客がいなくなり、閉鎖されてしまいました。

千島土地の基本的な考え方として、建物は活かすという方向性がありますが、銭湯は再利用が難しく、更地にせざるを得ませんでした。そこで、空き地のままでの活用という発想が考えられ、土地を利用したコミュニティ農園の立ち上げが行われました。

以前は銭湯と文化住宅だった約５００㎡の土地を合わせて「北加賀屋みんなのうえん」と名付け、貸し農園としたのですが、ここでも一般的な市民農園とは少し異なる考え方が取り入れられました。運営をデザイン系のＮＰＯに委ね、クリエイター的な考え方が加味された結果、有機で土作りをしたうえで、自然堆肥によって農作物が育てられるという方針が採られました。

「北加賀屋みんなのうえん」は、国土交通省都市局が２０１６年度に行った都市と農・緑が共生するまちづくりに関する調査で取り上げられ、その結果が『都市部未利用地のコミュニティ農園的活用方策検討調査 報告書』にまとめられています。

同報告書では、コミュニティ農園とは「市街地の遊休地を活用した地域内外の世代を超えた人が集い、農や食に関する様々な活動を行う農園である。住民が農や緑に触れ、活動を通して人のつながりを生み、地域活性化や街の暮らしの向上に寄与するもの」として定義されています。つまり、コミュニティ農園と一般的な市民農園の違いは、参加者たちの得られる価値にあります。市民農園が作物の収穫を第一とするのに対して、コミュニティ農園で大切にされるのは、人との出会いや学び、自己実現です。

北加賀屋みんなのうえん看板

「北加賀屋みんなのうえん」では、次のようなサービスが提供されています。

1．参加者のコミュニティ形成サポート
2．農、食、ものづくりの学びの機会の提供
3．参加者がやりたいことを実現するためのサポート
4．地域との連携

具体的には、イベント参加や交流ができる「みんなのうえんクラブ」が設立されており、これに約１５０人が登録しています。また農地以外にレンタルスペースや古民家をリノベーションしたキッチンスタジオがあります。

その後、２０１９年にはより積極的な事業展開に取り組むため、事業を一般社団法人グッドラックに移譲し、全国での展開を視野に入れてプロジェクト名称を「北加賀屋みんなのうえん」から「みんなのうえん」に変更しています。

大阪府では、このプロジェクトの波及効果について「建築物除去跡地の活用方策となるとともに、農や食を通じた地域コミュニティの形成が期待される」と評価しています。

国土交通省の報告書では、コミュニティ農園の事業性についても触れられています。コミュニティ農園は収入源として貸し農園収入、イベント収入、レンタルスペース収入の３つがあり、単なる市民農園と比べてソフト運営には人手がかかるが、収益性はある程度高く、宅地でも展開可能であることに高い事業性があると評価しています。さらに今後、コミュニティ農園の普及を図るためには、税の減免措置、初期費用の補助制度、運営人材育成のためのスキームづくりが必要としています。

利用されなくなった建物の跡地は、これまでなら新たな別の建物用地としてとらえるのが一般的でした。しかし、人口減少時代にわざわざ住宅を建てず土地として利用するのも、不動産トランスフォーメーションの一つのアイデアと考えられます。

不動産業は典型的な労働集約型産業

日本の不動産には、トランスフォーメーションにより引き出すことのできる潜在的な価値が秘められています。新たな視点からの資産運用には、価値を引き出す力があります。そのためには不動産の現状を精緻にデータ化して把握しなければなりません。ところが、

産業別のIT資本投入（アメリカ=1）

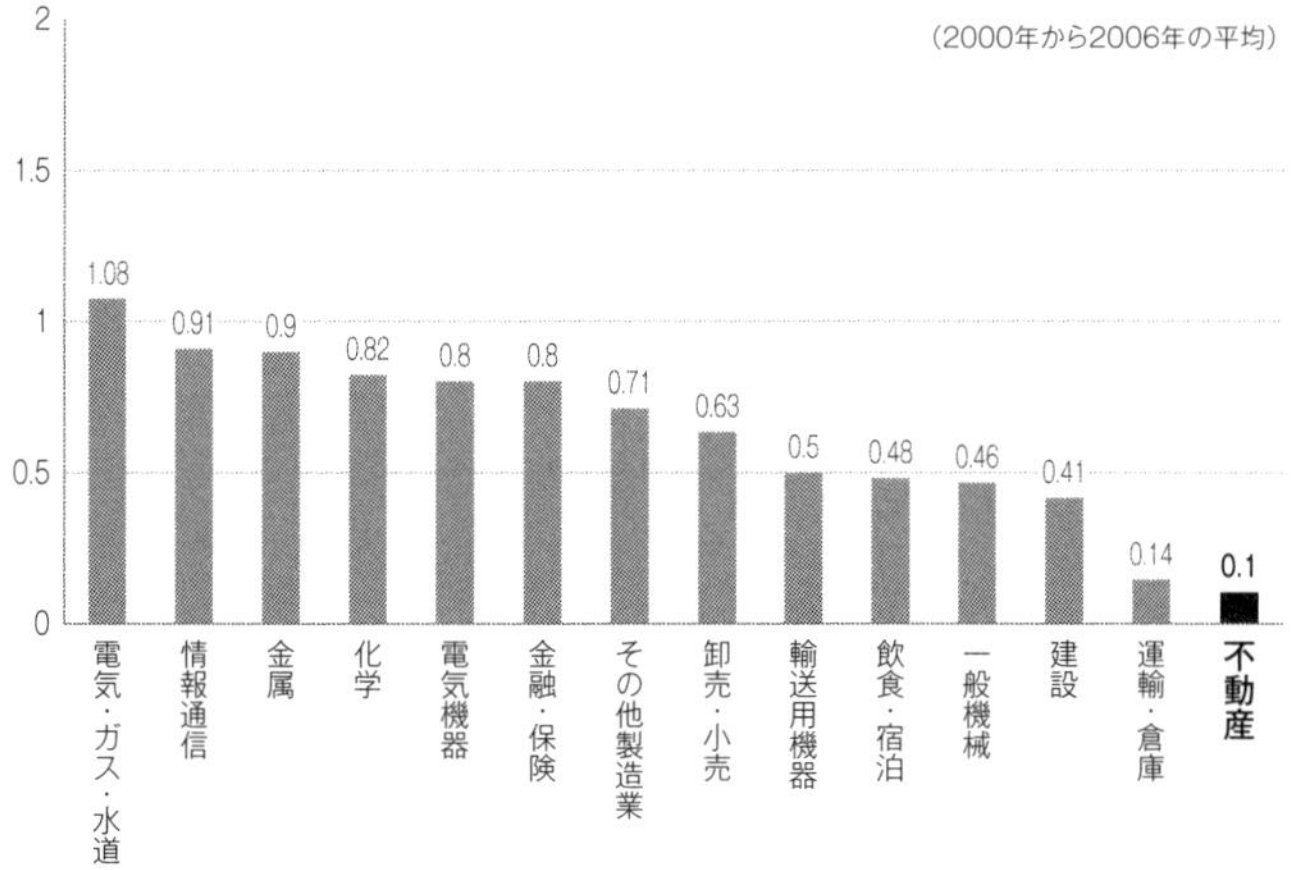

厚生労働省「労働経済の分析」を基に作成

産業別の労働生産性（アメリカ=1）

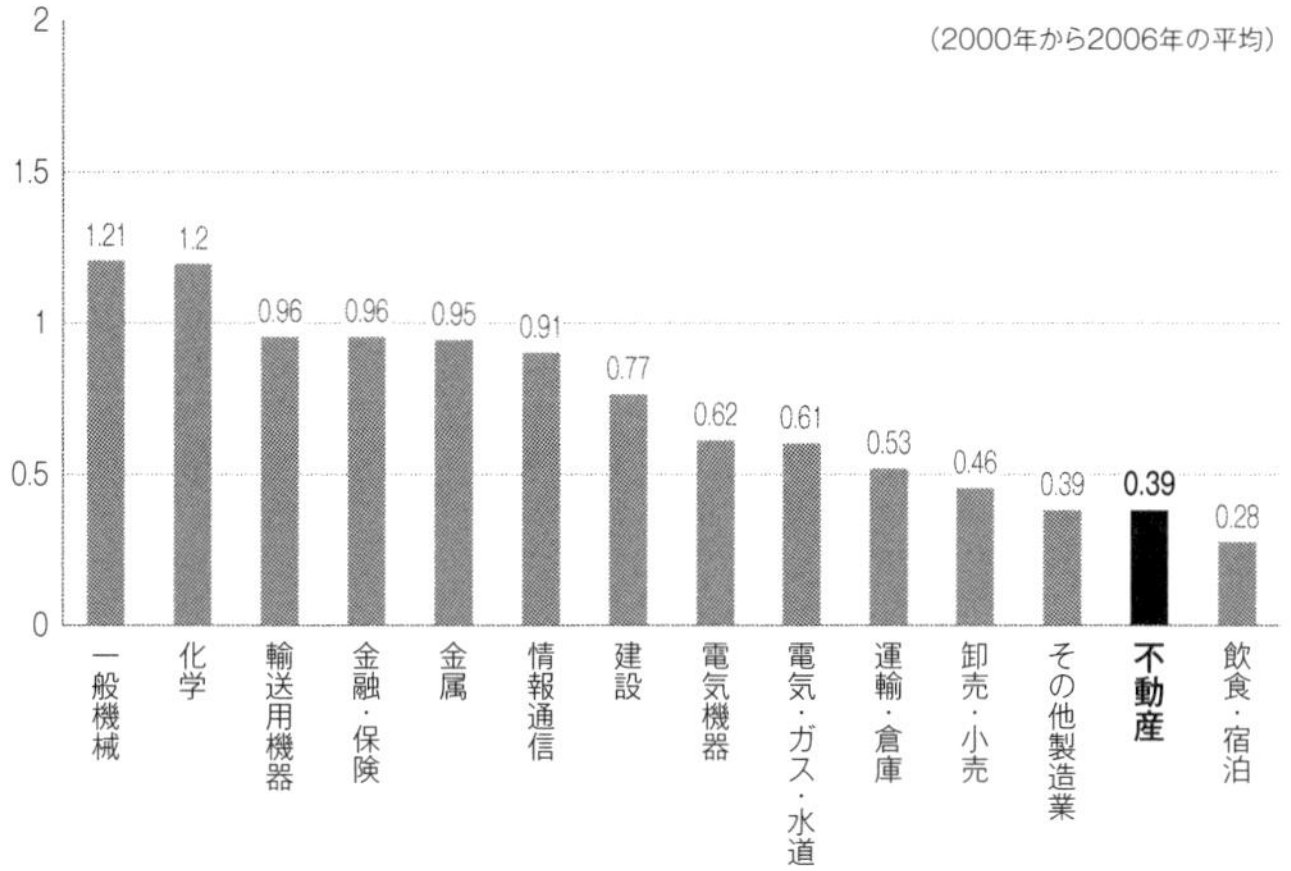

厚生労働省「労働経済の分析」を基に作成

現状の不動産管理システムは、一昔前のままの紙ベースというのが実状です。

不動産業はどちらかといえば保守的な業界であるためデジタル化なども遅れています。日本の産業別ＩＴ資本投資状況をアメリカを1として比べてみると、電気・ガス・水道が1を超えているのに対して、不動産は最低の0・1にとどまります。

産業別の労働生産性を、同じくアメリカを1として比べてみると、不動産は0・39です。飲食・宿泊業は0・28とさらに低い値ですが、これは飲食・宿泊業が人手に頼るしかない業種であることが大きいです。つまり、不動産業も現状の実態では労働集約型産業にとどまっているといえます。その理由は明らかで、テクノロジーを活用していないからです。

不動産管理を効率化するＤＸ

テクノロジーの活用が遅れている現状は、テクノロジー導入による改善余地の大きさの裏返しともいえます。実際に海外では不動産とテクノロジーの掛け合わせにより、不動産ビジネスに変革の波が起こっています。

不動産テック（不動産とテクノロジーの掛け合わせを示す造語）では今、大きく3つのモデルが動き始めています。マッチングプラットフォーム運営、ビッグデータ活用、業務効率化サービスです。

1．マッチングプラットフォーム運営

不動産に関連するプレイヤーをプラットフォーム上でマッチングさせて、収益を得る事業モデルです。例えばアメリカの不動産ポータルサイト「Zillow」では、全米の物件が数多く掲載されています。1億件以上の住宅不動産データが蓄積されていて、価格査定による見積もり価格も公開されています。

見積もり算定については、一般に公開されているMLSデータ（Multiple Listing Service：不動産業界で使用されるデータベースシステム）はもとより、ユーザー投稿のデータから住宅状況、ロケーション、財務評価、過去の販売歴、市場トレンドなども含めて解析されています。専用のアプリをインストールすれば、スマートフォンやタブレット端末からでもアクセスできます。

あるエリアで物件を探している場合、まずそのエリアで検索をかけて、条件によって該

当物件を絞り込みます。物件については写真も表示されるので、その中から条件にふさわしい物件を、アプリに表示される地図を見ながら現地で確認する、といった使い方が可能です。

海外では類似のサービスとしてFUNDRISE, MOVOTO, trulia, REDFINなどがあります。

2. ビッグデータ活用

不動産に関する情報をまず集約して、それを加工分析によって価値化し、付加価値を加えられたデータを提供して収益を得るモデルです。このモデルを提供しているのが、スイス発の不動産テック企業「PriceHubble」です。同社は「Property Advisor」と呼ばれる不動産ＡＩ査定のＳａａＳ（サース：Software as a Service）を提供しています。

主な対象としているのはヨーロッパの不動産であり、主要都市のストリートごとに不動産価格を評価しています。その特徴がビッグデータの活用です。周辺物件まで含めた価格の推移や、周辺の類似物件の情報、また買い物環境やレストランの充実度なども視覚化して表示しています。さらには対象とするストリートについての、ＳＮＳでの発信やコメントなどの情報まで網羅的に収集した結果を、土地の単価も可視化された「Price Map」で表示します。

これらのデータは不動産の関連企業はもちろん、金融機関が融資を行うときの判断材料として活用しています。最近ではスマートフォンの利用状況から、人流データを取り込んだ解析も加えています。

不動産テックでも注目が高まっているのが、この人流データです。特定地域の人流データを得られれば、例えばそこに出店したときの売上の予測がつきますし、それに基づいた賃料の予測も立てられます。あるいは特定業種のショップなどが出店候補地を検討する際の資料としても活用できます。

海外では類似のサービスとしてsmartzip, MORRIS homes, CoreLogic, REONOMY, KWELIAなどがあります。

3. 業務効率化サービス

不動産に関連する業務フローを、ＩＴ活用により効率化するサービスを提供して収益を得る事業モデルです。従来は労働集約的で非効率に行われてきた業務を、データの共有化からＡＩの活用、さらにはＩｏＴなどの導入によって効率化を図ります。このサービスを提供しているのが、アメリカのＭＲＩ社です。

同社は、企業不動産に関する総合的なアセットマネジメントプラットフォームを提供しています。これは不動産管理、資産管理に関する一連の業務、例えば賃貸管理やコスト管理などを総合的に管理できるプラットフォームです。これを活用すれば、不動産資産の管理と現状把握、評価や投資、ポートフォリオのパフォーマンス評価などを行えます。

海外では類似のサービスとしてHightower, VTS, VisualLease, DOOR STEPSなどがあります。

求められる不動産管理の一元化

不動産管理業務を効率的に行うために使われるＩＴシステムには、おもに不動産賃貸事業を支援するＰＭＳ（Property Management Systems）、企業のワークプレイスや施設管理を支援するＩＷＭＳ（Integrated Workplace Management Systems）、施設や設備の総合メンテナンス業務を支援するＣＭＭＳ（Computerized Maintenance Management Systems）の３つがあります。

ＰＭＳは、文字どおりProperty、すなわち資産を管理するためのシステムで、不動産所有者が管理業務を行うために用いられます。具体的には、賃貸管理、建物管理、財務管理、法務や行政対応などに対応することができます。

ＩＷＭＳは、ワークプレイスを統合して管理するシステムです。具体的には、施設管理、投資プロジェクト管理、施設メンテナンス管理、不動産ライフサイクル管理、リソース管理などを統合的に行います。これらの機能を一つのプラットフォームで提供することで、データの一元化、プロセスの自動化により、リソースの効率化を実現します。

ＣＭＭＳは、コンピュータ化された保守管理システムを意味します。具体的には不動産の資産や設備のメンテナンス活動を管理するためのシステムです。

いずれもＩＴシステムであり、不動産管理業務全体の効率化を図るためには、これらがすべて統合されているのが理想です。そのためには、管理の基となるデータが必要です。このデータ化がこれまでの日本では遅れているために、そもそも各システムの導入すら進められていないのが実状でした。

これに対して欧米では、各システムのクラウド運用が始まっています。クラウド化が進められている理由はシンプルで、そのほうがより簡潔に済むからです。

ＰＭＳ、ＩＷＭＳ、ＣＭＭＳのいずれも、以前はソフトウェアパッケージとして提供されていました。そのため、仮に全国で拠点を展開する事業者であれば、各拠点にソフトウェアをインストールして、データを入力する必要があります。

物件情報を確認するために現地に視察に行って、その情報を記録し、その後拠点に戻って記録に基づいてデータを入力するという一連の作業は、クラウド化により現地でタブレット端末やスマホを使ってデータ入力できるようになることで、手間を非常に短縮できます。管理する物件数が増えれば増えるほど、クラウドのメリットが大きくなります。

さらに不動産管理は、基本的に異業種連携のもとに行われます。不動産オーナーと管理会社の連携、あるいは金融機関との連携もあり、アセットマネジメントや不動産仲介企業との連携も必要です。その際に各社が独自のパッケージソフトを使っていたのでは、連携自体がそもそも不可能となります。

クラウド化によりＰＭＳ、ＩＷＭＳ、ＣＭＭＳを統合すれば、不動産管理のクオリティ、コストパフォーマンスを飛躍的に高められます。各システムで管理しているデータと情報を一元管理できれば、業務の重複を大幅に削減できます。その結果として大幅なコスト削減がのぞめ、意思決定の迅速化にもつながります。

一元化された不動産管理ソフトウェアの利用イメージ

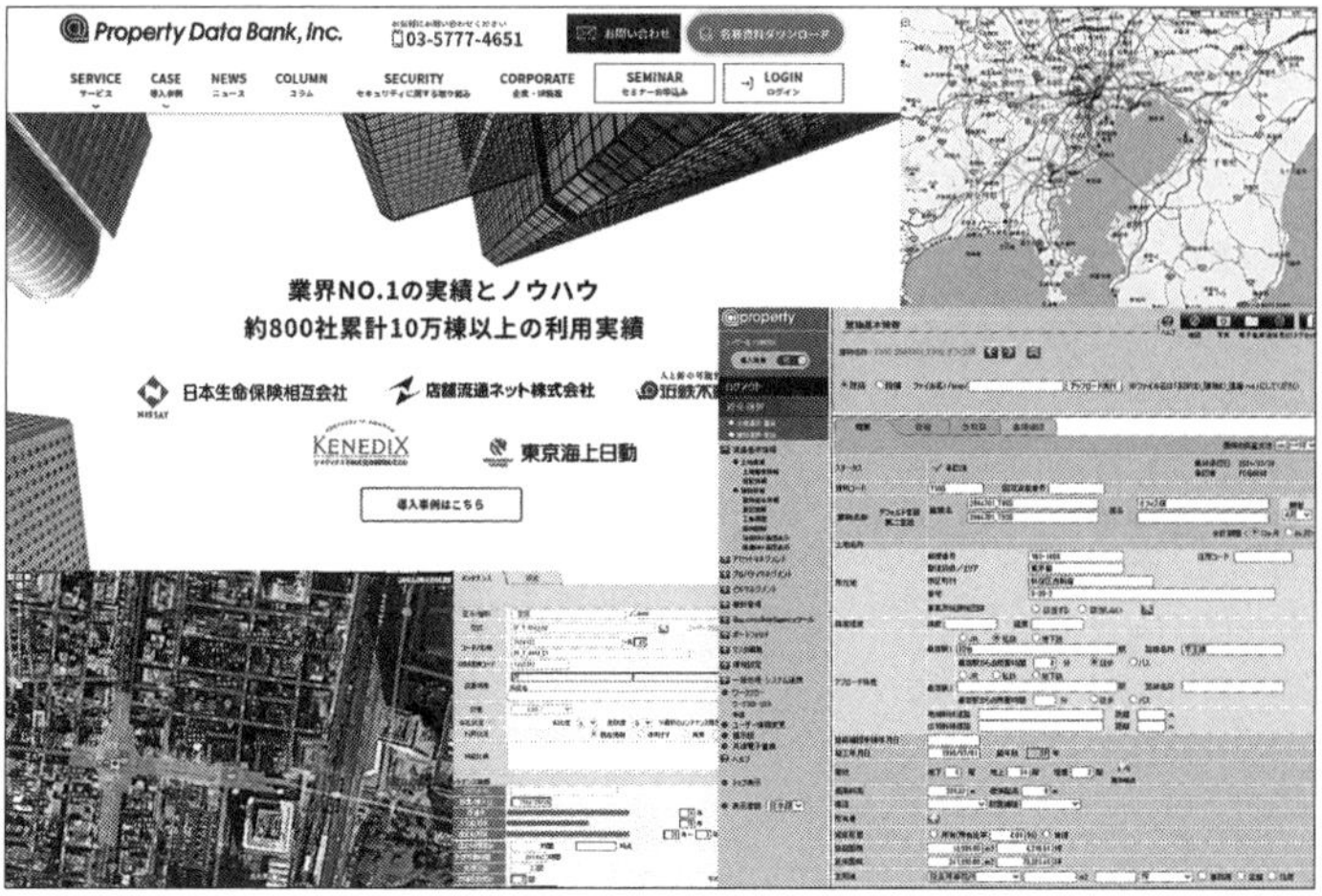

今後の不動産活用のためには、不動産管理を一元化し、同時にクラウド化するというシステム整備が欠かせません。そして、その成果の一つとして新たな不動産活用、すなわち不動産トランスフォーメーションを起こせる可能性も高まります。

ＰＭＳ、ＩＷＭＳ、ＣＭＭＳを一元化してＳａａＳとして提供している例が、アメリカの不動産管理ソフトウェア企業Yardiの「Yardi Voyager」です。これは財務情報と不動産管理情報を一つのデータベースに統合したプラットフォームです。このプラットフォーム上で動くアプリとして、ポートフォリオ管理、賃貸管理、居住者やテナント向けのサービス提供、投資家向けサービスなどが用意されています。多岐にわたる不動産業務を一元化して管理できるシステムとなっています。

そして国内においてＰＭＳ、ＩＷＭＳ、ＣＭＭＳを一元化してＳａａＳとして提供しているのが、私が創業したプロパティデータバンクです。同社のＳａａＳはすでに国内外約３００法人の10万棟を超える不動産で活用されており、全国の不動産管理業務の効率化や高度化を支援しています。利用ユーザーや大手デベロッパー、金融機関、ファンドに加え、大手企業やインフラ産業、電鉄企業、さらには公共施設にも活用されています。最近では空港や大型施設での利用も進展しており、これまでお話ししたさまざまな不動産トランスフォーメーションの最前線で活用されています。２０００年に創業されたプロパティデータバンクは、当初からその不動産管理ソフトウェアをクラウド化して提供しており、世界的なクラウドサービスにもひけをとらない実績を誇っています。

不動産管理は、ＢＩＭを活用したデジタルツインの時代へ

不動産管理において、ＰＭＳ、ＩＷＭＳ、ＣＭＭＳのクラウド化の次に目指すべきは、

ＢＩＭとの連携です。コンピュータ上に３次元のデジタルモデルを作製し、そこにコストや仕上げ、管理情報などの属性情報を追加することで実現しています。

ＢＩＭの特徴は、３次元で表現される点です。従来の建築設計で使われてきたＣＡＤ（Computer Aided Design：コンピュータ支援設計）では、２次元の図面の集合体として情報が管理されていました。これに対してＢＩＭではすべてが３Ｄで表現されて、視覚的に「見える化」されています。このＢＩＭを活用すれば、現場での図面管理が不要となり工事計画を立てやすくなります。材料などの積算も簡単にでき、プロジェクト関係者が同じモデルを共有できるのでコミュニケーションの齟齬《そご》もなくなります。そのため欧米では当たり前のように使われていて、日本でも設計・施工分野で急速に普及してきています。

このＢＩＭに、一元化・クラウド化されたＰＭＳ、ＩＷＭＳ、ＣＭＭＳを組み合わせたのが、ＢＩＭを活用する不動産管理のデジタルツインです。

不動産管理にＢＩＭを融合させると、飛躍的に使い勝手が向上します。例えば、管理している物件の賃貸契約に空きが出たとき、賃貸オフィスなら空いた区画の確認が必要で、その確認には書類をチェックするか、現状確認に赴く必要がありました。複数の空きが出ている場合などは、空き状況を簡単には一覧で確認できないため、仲介業者に空き状況を伝えるために図面に印をつけて送付するといった手間が必要でした。しかし、ＢＩＭと連動した統合システムを共有していれば、空き区画の状況を3次元で一瞬にして確認できます。

ほかにも、管理している物件の一室で水漏れが起きた場合、居住者からのクレームに対応するためには、図面を携えて現地確認する必要がありましたが、ＢＩＭと連動した統合システムを共有していれば、配管システム全体を見通したうえで問題のある箇所を特定し、直ちに業者に連絡して修繕にあたることが可能です。管理会社と物件所有企業との連絡も密になり、状況認識についての齟齬を極力減らすことができます。

一連の作業をＢＩＭでこなせる理由は、ＢＩＭには管理している物件の空間データベースが備わっているからです。建物内の空間を細かく区分して、各空間にＩＤが付けられています。空間を構成する壁面や柱にもきめ細かくＩＤが付けられていて、すべてＢＩＭ上で視覚的に確認できるのです。

ＢＩＭと不動産管理システムが連携していれば、ＢＩＭ上の特定の空間や設備の履歴も把握できます。例えば３階の３０４号室のトイレでは過去に水漏れトラブルが発生している、といった情報が、ＢＩＭ上に見える化されています。このようなデータ管理は、紙ベースではいうまでもなく、単に各社が個別にデータ化して管理していても実現不可能です。

ＢＩＭとの連携メリットは、アメリカの業務効率化サービスを手がける企業でも認識されており、連携が進められています。日本では、ＢＩＭとつながって有効活用できる不動産管理システムとデータベースを持っているのは、現時点ではプロパティデータバンクだけです。

メリットの大きいストックにおけるＢＩＭ活用

不動産管理にＢＩＭを活用する際、ＢＩＭを活用して建てられた最新の新築物件の管理は導入が容易です。しかし、日本全体での不動産管理の効率化を目指すのであれば、既存物件への導入が必要不可欠です。

なぜなら、すでに日本には３０００兆円を超える不動産のストックがあるからです。その管理の効率化はもとより、それらを不動産トランスフォーメーションにより有効活用するプランを考えるには、不動産管理システムとＢＩＭとの連携が欠かせません。

そこでプロパティデータバンクは、東京オペラシティビル株式会社と共同で、ＢＩＭを活用した国土交通省の建築生産・維持管理プロセス円滑化モデル事業に取り組みました。

プロジェクトの対象とした物件は、東京オペラシティビルです。同ビルは１９９６年に竣工した、地上54階、地下４階、塔屋２階の、延べ床面積24万１９９５㎡のビルです。既存のビルであるため、当然設計時や施工時のＢＩＭはありません。そこで２次元ＣＡＤによる現状の最新図面に加えて、管理上作成されているテナントの区画図などの運営情報などを統合し、新たにＢＩＭを構築しました。

プロジェクトの目標として、Whole Life Cost（企業が保有する不動産資産の一生涯にかかる支出と収入の管理・評価を行い、資産の価値向上の取り組みも併せて評価する）の最適化がありました。ＢＩＭとＢＥＭＳ（Building and Energy Management System：ビル・エネルギー管理システム）および不動産運用管理システムを統合したプラットフォー

東京オペラシティビルのBIM活用のイメージ（国土交通省公開資料より）

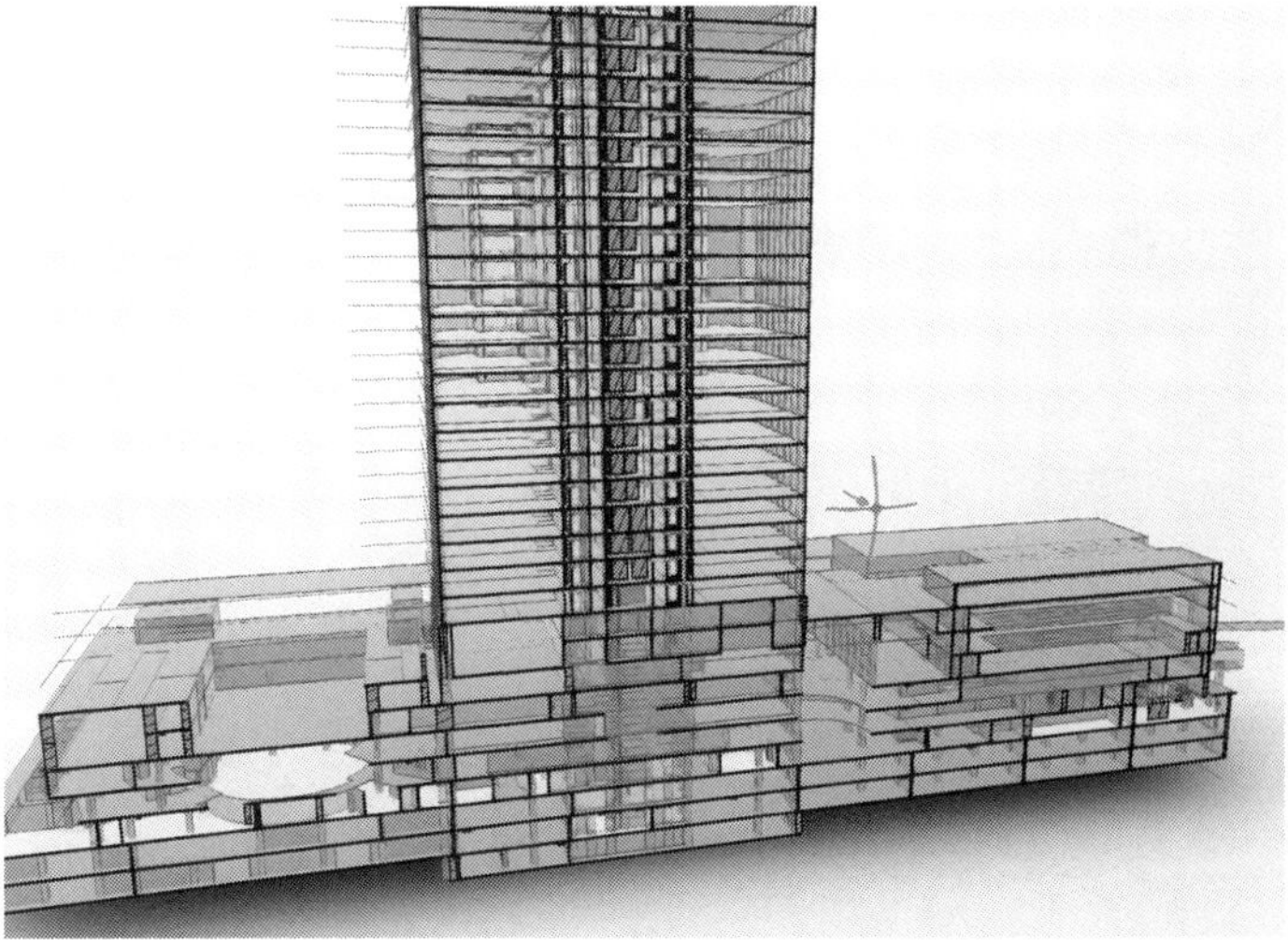

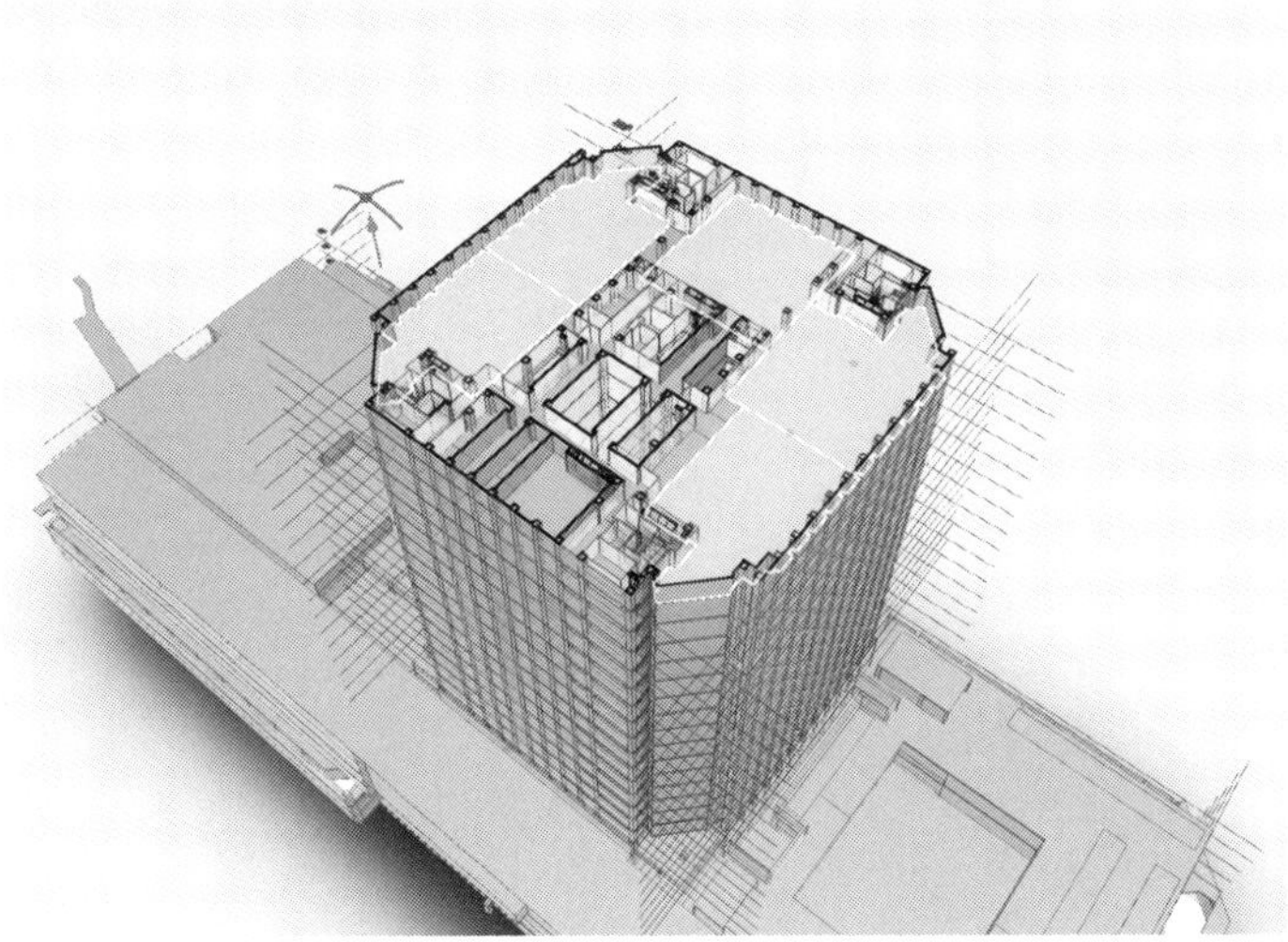

テナントの稼働状況をBIMを活用して可視化したイメージ

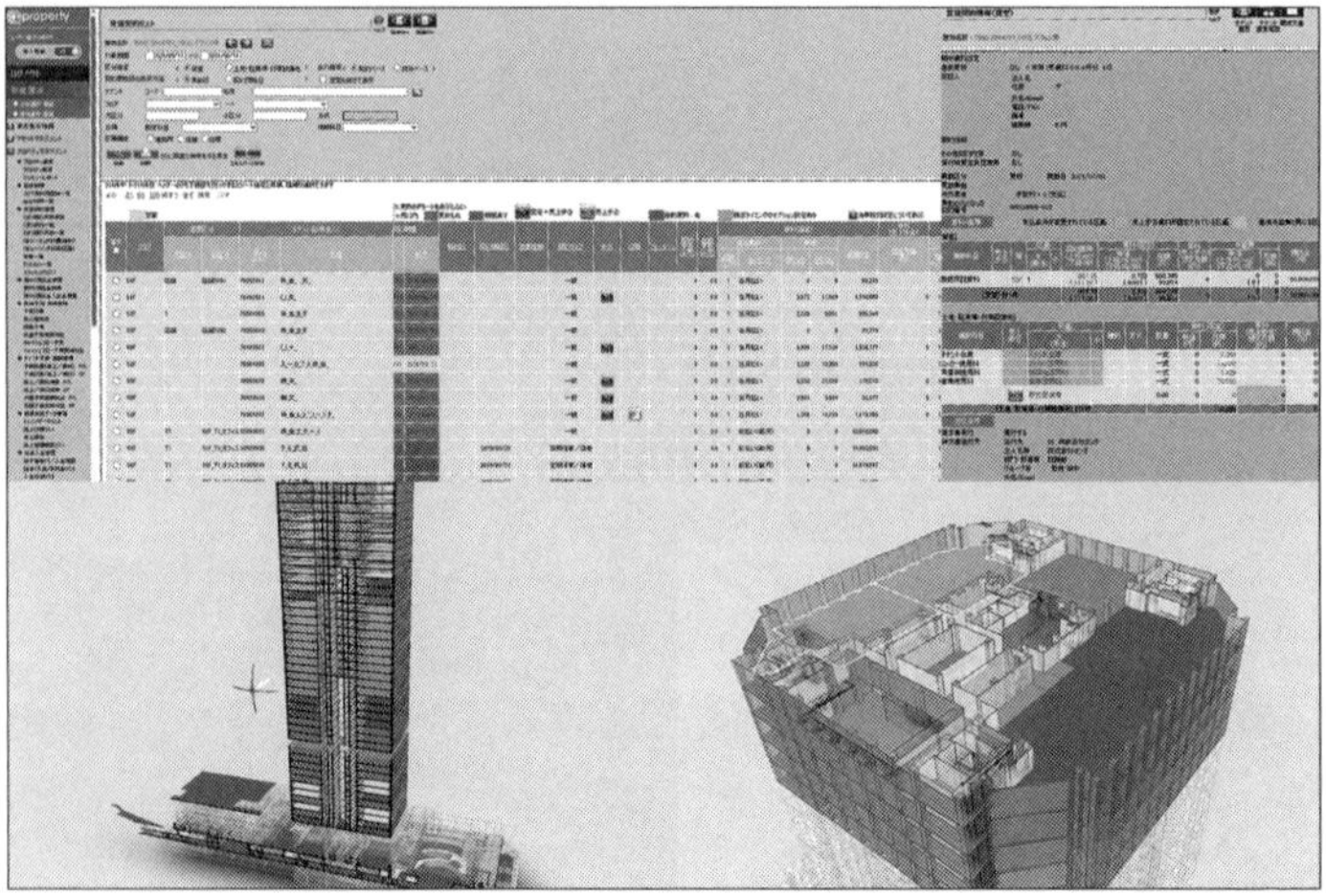

ム構築により、工事管理、エネルギー管理、入居者（テナント）管理、設備管理業務などの生産性と品質を向上させるという一連の取り組みで、施設全体の長寿命化とWhole Life Costの最適化を図っています。

またその過程で、ＢＩＭ活用を実施する不動産管理業務における、維持・運営業務の品質向上と生産性向上の実現も目指しています。

２０２０年度から2年間かけて実施したプロジェクトの主な成果は３つありました。

1．業務効率化（生産性向上）

現地調査や確認作業の回数が減り、図面や書類の検索・閲覧・記録などの作業が大幅に短縮されたことで、従来業務と比べて20～30％の業務量を削減できました。

2．関係者間での情報共有の円滑化（生産性向上と高度化）

対象となる区間・空間・設備・機器・構造・部材などの位置を3次元で特定するとともに、その履歴管理ができるようになったことで、管理者、オーナー、プロパティマネジャー、ファシリティマネジャーなど、関係者間での情報共有の円滑化がなされました。

3．不動産情報の一元管理（高度化）

不動産管理クラウドの活用により、不動産運用に関するさまざまな情報が日常管理とともにデータとして蓄積されます。このデータとＢＩＭの連携により、視認性やエビデンスとしての正確さも向上しました。

これらの成果は今後、不動産評価や施設への再投資戦略に有効活用できます。

第4章

あらゆる可能性を秘めた不動産を変革し日本経済を活性化させる

社内ベンチャー第1号としての起業

２０００年、私は仲間とともに、当時所属していた清水建設の社内起業家公募制度を活用してベンチャー企業（プロパティデータバンク株式会社）を立ち上げました。この制度では起案した本人も出資し、なおかつ社長を務めるのがルールとなっていたので、私も出資するとともに創業当初より社長に就任しました。

創業時から不動産の運用管理に関するＡＳＰ事業および情報管理業務、システムインテグレータ業務を主として、不動産クラウドのサービス提供を開始しました。翌年以降はこの不動産クラウドに、プロパティマネジメント機能やビルマネジメント機能など、順次求められる機能を追加していきました。２００７年にはアセットマネジメント機能も加えています。

このような事業展開に至ったそもそものきっかけは、１９９０年代後半から日本で進展した不動産証券化です。その頃から、不動産のオーナーが投資家やファンドに変わりつつあり、新たな不動産商品としてＪ－ＲＥＩＴが誕生しました。これら一連の動きに、「これから不動産の運用や管理が大きく変わっていくに違いない。その際には従来の紙ベースの不動産管理では対応できないため、必ずＩＴ化が必要とされ、そこに市場が生まれるはずだ」という強い予感があったのです。

もともと経営企画部に所属し、新しいビジョン作りなどにも関わっていたので、機会があれば新ビジネスを立ち上げたいと常に考えていました。同じような問題意識を持つ仲間とともに、海外の状況をいろいろとリサーチしました。その結果、アメリカではすでに不動産の管理運営ソフトが提供されていると分かったのです。

建物の価値は、建てられたあとに永く使い続けられるなかで育まれていくものです。その価値を適切に管理するためのソフトがアメリカで開発されているのであれば、いずれ日本でも似たようなソフトが必ず求められるようになると考えたのです。また、そのようなソフトは不動産証券化の動きを推進するだけにとどまらず、不動産管理のあり方を根底から変えるはずだと確信しました。このときの直感こそが、今の不動産トランスフォーメーションへとつながる最初の気づきでした。清水建設の社内ベンチャー制度がスタートしたのは、ちょうどそのタイミングでした。これはもう挑戦するしかないと背中を押された思いで、ＩＴに強い仲間たちとの起業に踏み切ったのです。

その頃、日本ではどのようにして不動産管理が行われていたのかというと、基本は書面ですがExcelがある程度使われるようになり、さらに進んでいるところではパッケージソフトが使われていました。ただし、パッケージソフトは、アセット、プロパティ、ファシリティなど業務ごとに分かれていて統一されていませんでした。このようなパッケージソフトでは、インストールされたパソコンごとにデータが分散されてしまいます。これで全体を管理しようとすれば、各パソコンに収納されたデータをフロッピーディスクなどで集めて統合するしかなく、多くの不動産を抱えている企業にとっては、あまりにも非効率なシステムでした。

そこで考えたのが、「インターネットで動くソフトウェア」でした。２０００年当時はまだ「クラウド」などという言葉はなく、１９９８年頃からようやくＡＳＰが登場し始めていた時代です。ＡＳＰとは、ＡＳＰインダストリ・コンソーシアム・ジャパン（ASPIC Japan：現日本クラウド産業協会）発行の『ＡＳＰ白書２００５』において「特定及び不特定ユーザーが必要とするシステム機能を、ネットワークを通じて提供するサービス。あるいは、そうしたサービスを提供するビジネスモデルのこと」と定義されています。

このＡＳＰなら、インターネットにつながりさえすればどこからでも使えます。また、仮に１００台のパソコンで使うとしても、１００台分のパッケージソフトを用意してインストールするなどといった作業は不要です。さらに、ソフトのバグ発生など何らかのトラブルが起きた際にも、システム側で一元管理できて修正できます。

不動産特有の状況にも、ＡＳＰであれば対応しやすいのも大きなメリットです。例えば、同じ１つのビルに関しても、その運営管理には複数の事業者が関わるのが不動産業の仕組みですが、関わる事業者ごとにデータが分散されてしまうと、管理が極めて非効率となります。これもＡＳＰによって一元管理できれば極めて効率的です。

こうした経緯から不動産管理にはＡＳＰしかないと考え、開発を進めていきました。今でいうクラウドです。ちなみにクラウドという概念は、１９９７年に南カリフォルニア大学のラムナト・チェラッパ教授によって提唱されましたが、その後２００６年にGoogleのエリック・シュミットＣＥＯが「サーチエンジン戦略会議」で取り上げ注目されるようになるまでは、ほとんど知られていない概念でした。

実際、私たちがサービスの提供を始めた当初は、不動産管理のＡＳＰだと訴求しても、ほとんど理解されませんでした。その最大の理由は、当時の通信環境に問題があったからです。その頃の通信回線は64ｋｂｐｓのＩＳＤＮです。これを企業が1本だけ引いて、全社で共有しているような状況でした。このような貧弱な通信環境では、ＡＳＰはまともに動かなかったのです。

吹いた神風、通信回線の高速化

ところが、２０００年頃から私たちにとって強力な追い風が吹きます。２００１年、ソフトバンクが「Yahoo! BB ＡＤＳＬ」サービスを始めました。しかも同社は、ＡＤＳＬモデムを無償配布してＡＤＳＬを一気に普及させるという非常に大規模な戦略を打ちました。これにより通信環境が劇的に改善され、私たちのサービスがスムーズに動くようになったのです。

営業スタイルも一変しました。顧客のところへパソコンを持っていき、目の前でＡＳＰによるサービスを実演して、それを見てもらうようになりました。まさに「百聞は一見にしかず」で、不動産をソフトで管理する仕組みを興味深く見てもらえる土壌が整ったのです。実際の管理画面を動かしてみせると「なるほど、確かにこれは便利だ」と納得してくれます。多くの顧客から、「こんな仕組みがあれば業務効率が大きく高まる。場所が離れたところにある不動産についても、パソコンを持ってわざわざ現地まで出かけていって入力する必要がなくなる。いいじゃないか」と感心してもらえました。

しかし、そこで一つ新たなハードルが出てきました。「ところで、このシステムで不動産特有の会計処理もできるのですか」と尋ねられて、答えに詰まってしまったのです。

実は、不動産、特にオフィス関係の会計処理は極めて複雑です。なぜなら住宅とは違ってオフィスの形態は変幻自在だからです。最初はフロアの１室だけを借りていた顧客が２室を借りるようになり、業容が拡大するにつれて１フロアを丸ごと借りたり、さらにもう１フロア借りたりするようなことがあります。そのような賃貸形式の変化にもフレキシブルに対応できるソフトでないと、使い物になりません。管理ソフトに時間軸を組み込む必要があるのです。

さらに、企業会計に即した会計処理も必須となり、そのためには不動産の会計処理に対応できるデータベースを構築しなければなりません。加えて、会計処理については会社ごとに仕様が異なります。

複雑さに輪をかけるのが、分業制のファンドへの対応です。ファンドの場合、会計は信託銀行、統括管理はアセットマネジメント会社、不動産はプロパティマネジメント企業というように、１つの物件管理に10社ぐらいの担当企業が関わっています。当然、これらの企業間での連携も取らなければなりません。

もちろん簡単に対応できるわけではないですが、この課題をクリアできるかどうかに私たちの未来はかかっています。そこで可能な限り短期間で、妥協せずにベストなシステムをつくり上げていくことになりました。


一連の機能を強化したうえで、改めて営業をかけていきました。狙うのはトップ企業です。自治体ならまずは東京都、保険会社やエネルギー関連会社でも業界トップ企業から攻めていきました。賃貸事業については戦略的な不動産投資を実践するＪ－ＲＥＩＴ関連の企業を対象としました。

そこではこれまで以上の好反応を得ました。各社からそろって「こんなＡＳＰを待っていた」と言ってもらえたのです。不動産を数多く抱えているところほど、その管理は悩みのタネとなっていました。全国展開している規模の大きな企業ほど、私たちが提供するサービスのメリットを理解し、先を争って導入してくれるという好循環が続くようになったのです。

その結果私たちのサービスは、Ｊ－ＲＥＩＴの半数以上のアセットマネジメント会社に採用されるのはもとより、大手不動産会社、鉄道会社や電力関連などのインフラ企業など不動産を多数保有する企業に採用されています。ユーザーからの要望に対してもクラウドシステムならではのフレキシブルさで対応し、必要な機能については常にバージョンアップを重ねています。

データについては国内に複数のデータセンターを設置して、リアルタイムでのバックアップを行っています。そのため万が一、どこかのセンターが機能しなくなる事態になっても、ほかのデータセンターに瞬時に切り替えて継続稼働できる体制を整えています。さらに、グローバル企業を想定して英語、中国語への対応を完了しました。３カ国語に対応する不動産クラウドサービスは、世界にもこれ以外はありません。

不動産トランスフォーメーションを推進するビッグデータ活用

現時点で私たちが提供するクラウドサービスは、世界的な不動産や資産管理のクラウドサービスと同様の体系となっています。おもに不動産賃貸事業を支援するＰＭＳとしてクラウドサービス@property、企業のワークプレイスや施設管理を支援するＩＷＭＳとしてクラウドサービス@iwms、施設や設備の総合メンテナンス業務を支援するＣＭＭＳとしてクラウドサービス@cmmsの３つがあります。

@propertyでは土地や建物に関する基本的な資産情報をデジタル化します。取得価格や簿価、鑑定評価額等の財務情報や関連書類も含めすべてクラウド上で管理でき、資産価値向上を支援します。賃貸事業においては賃貸契約などの事業に必要な情報をすべてデジタル化するため、請求業務、債権管理、各種レポート作成、リーシング業務などが飛躍的に効率化します。また、全国の複数の資産情報を統合し、地域や用途など任意に設定した建物群単位でさまざまな分析が可能です。パフォーマンス比較や、契約面積や賃料に基づきテナントランキングの作成などを行うことができ、現状を精緻に解析できます。

@iwms のワークプレイス管理機能では各企業の部門や部署ごとの利用面積の管理やファシリティコストの管理を支援します。部門原価の算定やワークプレイスの効率化などをすすめることができます。依頼・クレーム情報をデジタル化することにより、ユーザー部門の満足度向上をはかることができます。

@cmms の各機能は工事管理や施設・設備管理を最適化します。工事の情報をすべてデジタル化することにより各工事の予算・査定・実施・完了にいたるすべてのプロセスを効率化するとともに、受発注における内部統制を支援します。各施設や設備の点検等のメンテナンスデータが自動的に蓄積され分析されることにより、将来のメンテナンススケジュールを最適化します。

いずれも不動産ストックを対象としたものです。その根底にあるのは、「日本の不動産市場に秘められたポテンシャルを可能な限り引き出したい」との思いです。日本の将来についても、不動産トランスフォーメーションによる大きな可能性が秘められています。不動産とは単なる土地と建屋だけではなく、あらゆる可能性を秘めたコンテンツと考えるべきなのです。

そのコンテンツをいかに活用するかのアイデアを生み出すためには、まず現状を精緻に理解する必要があります。そのためのツールが、私たちが提供しているような不動産管理クラウドサービスなのです。

ビッグデータやＡＩの活用にも挑戦

サービス開始以来23年を経て、私たちの提供するツールにはビッグデータが蓄積されています。これからの課題は、不動産トランスフォーメーションの考え方を基にして、このビッグデータを有効活用していくことです。

その第一弾として、私たちは新たなクラウドサービスをリリースしています。このサービスでは、ＧＩＳ（地理情報システム）とＡＩによる分析に基づくデータ分析を掛け合わせ、不動産の賃料予測や商業店舗・アパレル等の出店場所での売上試算などを提供しています。例えば立地環境に応じて店舗の向きや看板の大きさ、入口の幅などの変数をもとに売上を予測することが可能です。このサービスで提供している出店予測の平均誤差率は約10％と、極めて高精度な予測を導き出しています。これらのノウハウを結集して、今年からは店舗の出店業務支援や日常の多店舗管理を支援する@commerce もリリースしています。これまでの３つのクラウドサービスは不動産オーナーや大企業向けでしたが、@commerce は多店舗展開しているチェーン店向けサービスとして新たな市場に挑戦しています。

不動産トランスフォーメーションは、オーナーだけでなく借り手や空間のユーザーからも起こる可能性があると考えています。

アナログだった不動産情報をデジタル化すれば、ストック型の不動産から新たな価値を生み出せます。一連の活動はすべて、日本の不動産トランスフォーメーションを推進するため、ひいては日本の未来を明るいものとするためです。

放置しておけない日本の現状

日本の人口は2004年にピークを迎え、それ以降は減少傾向に転じています。現状の傾向のまま推移すると、2050年の総人口は9515万人となり、ピーク時の1億2777万人から約3300万人の減少となります。

そしてその内訳は、若年人口が約900万人、生産年齢人口は約3500万人減少する一方で、高齢人口が約1200万人増加し、高齢化率は約40%にまで高まると予測されています（総務省「我が国における総人口の長期的推移」）。

少子高齢化から人口減少への転換というこれまで例のない局面に、これからの日本は突入していくのです。その結果として想定されるのは、経済や社会への大きな影響です。労働力が不足し、消費や投資が減退する一方で、社会保障費は膨張していくことが予想されます。同時に公共施設やインフラなどの社会資本ストックの高齢化も進んでいきます。日本政府の財政状態は決してよくなく、率直にいえば財政破綻のリスクが迫っているとも考えられます。

次世代の日本を担ってくれる人たちのために、今現役世代の私たちが何をすべきなのか、今一度考え直すタイミングだといえます。

私は決して希望がないわけではないと考えています。日本にはこれまでに先人たちが積み上げてくれた資産があります。不動産トランスフォーメーションによってこうした資産をさらに活かせば、まだまだ日本の未来には可能性があるのです。

不動産トランスフォーメーションの進展が、将来の日本を救う

国や自治体が保有している固定資産については、残念ながらそのほとんどが償却済みです。しかし、用途転換や統廃合などによる総量調整、設備更新による長寿命化あるいは民間との共同利用など、さまざまに工夫する余地が残されています。今ある施設を有効活用すれば、将来の国のバランスシートは一変させることもできると私は考えています。

不動産の長寿命化やストック活用は、日本の不動産全体にとっての極めて重要な社会的

課題です。この課題に取り組み、現時点でも国富の3割を担っている不動産の資産価値の維持と向上を目指すことは、これからの日本にとっての重要な成長戦略となるのです。コンクリートビルの耐用年数は実質的には１００年以上あります。これを活かさないのは宝の持ち腐れです。償却済みの不動産ストックを有効活用できれば、元手をかけずに収益を得られるのです。

自治体には、資産を自力で更新あるいは改変していく財源はありません。国庫からの補助や地方債に頼らざるを得ず、次世代の負担を抑制する観点から実現性は極めて低いです。政府のバランスシートはさらに危険な水域です。すでに債務超過となっており、中央銀行による国債の買い支えでつじつまが合っている状況です。国がインフラや施設の増設や更新を担っていくには限界があるのです。

そういった観点から官民連携も重要な視点となります。状況に応じた規制緩和を行い、民間の活力を最大限に活用していくことが官庁には求められます。あるいはコンセッションや事業譲渡、ＰＦＩなどによる民営化を進めれば、国や自治体の財務体質の改善につながります。

国全体の資産価値を増大させる不動産トランスフォーメーション

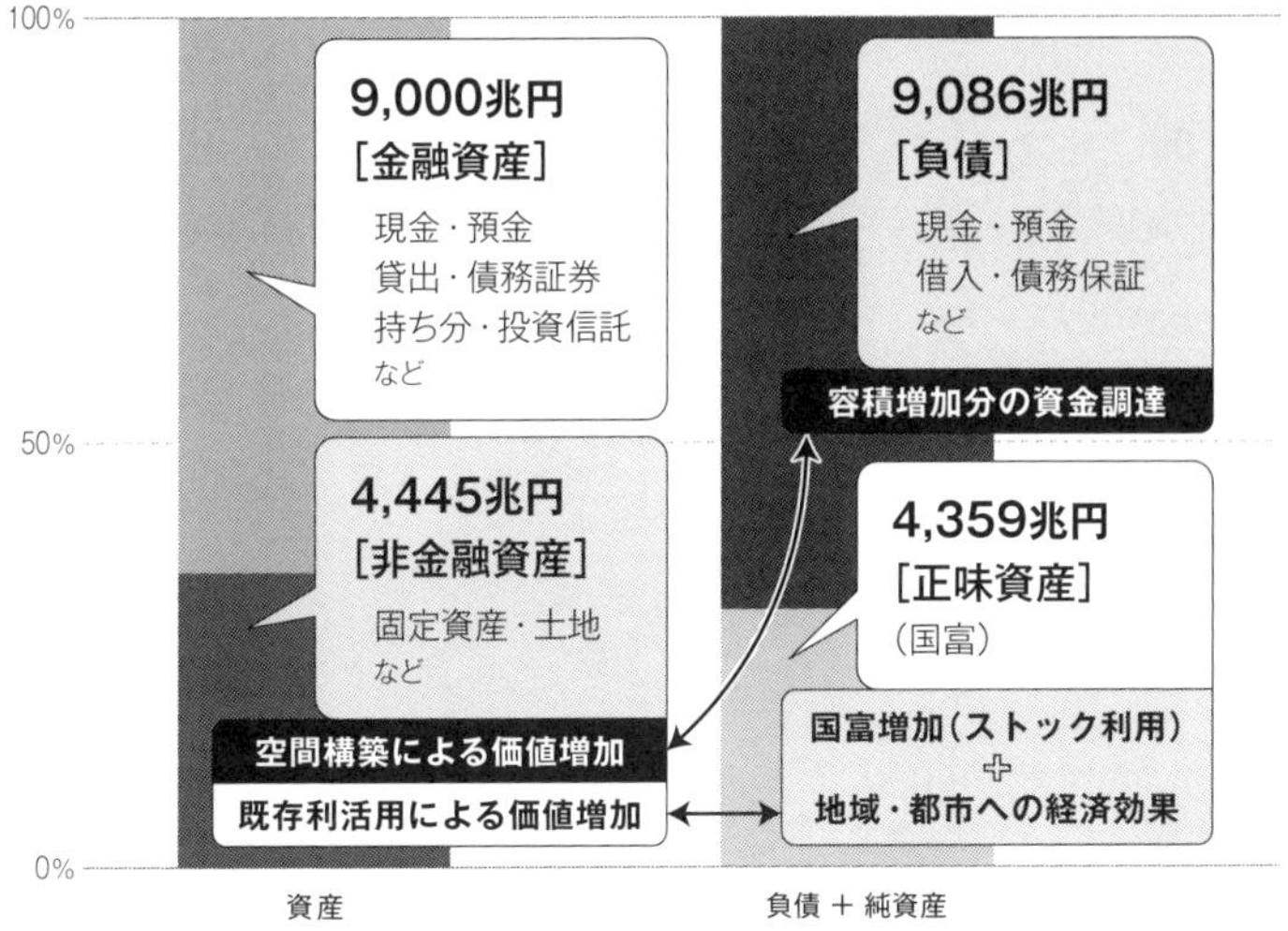

本書で紹介した不動産トランスフォーメーションを実践した場合の国全体のバランスシートにおける効果を、図に示しました。大きく、新たな空間創造と既存ストック活用の２つのケースにわかれます。各都市に建設あるいは再開発された新たな資産は、有形固定資産に追加されます。環境に共生した素晴らしい施設を長く大事に活用すれば、長年にわたって都市の価値や国民の便益を上げることができます。ただしこのケースでは、必ず融資による資金調達が発生し、バランスシートの右側に追加されます。民間主導なので将来の収益をしっかりと確認

して資金調達します。既存ストックの活用は、これまで価値がないとされていた資産に価値を追加する行為となります。〝あえて〟再評価をすることで、バランスシートの有形固定資産に計上されます。この場合は大きな資金調達はありませんので、バランスシートの右側の国富の部分が増加することになります。一つひとつのプロジェクトは小さいかもしれませんが、その積み重ねは必ず国富を増やすことにつながります。地域や街区に存在する実物不動産は利用者にサービスや便益を提供するとともに多くの利用者を呼び込むことにより周辺に大きな経済効果ももたらします。この経済効果も中長期的には消費や生産を通じて国のバランスシートに反映されることになります。不動産トランスフォーメーションの提供価値は自身の資産価値向上に加えてこの経済効果にも注目する必要があります。

不動産トランスフォーメーションに必要な長期的な視点

不動産トランスフォーメーションに取り組む際に忘れてはならないのが、環境調和の視点です。例えば、容積率を緩和しての再開発が行われている東京の国家戦略特区には緑が目立ちます。実際に東京での大規模再開発では、緑化が強く意識されていて、再開発では緑化が競われていると感じられるほどです。その背景にあるのは、ＳＤＧｓへの取り組みであり、ひいては地球環境全体への関心の高まりです。

また、現存する空間の有効利用や築古施設の長寿命化や活用は、それ自体が環境と共生した取り組みです。近年、日常の生活で発生するCO_2を抑制する取り組みは各所で進展しています。さらに欧米ではエンボディドカーボンが主要な課題となっています。既存ストックの有効活用はこの観点からも完璧な施策といえます。

一方で、高さや容積を活かす大規模な施設は、建設や将来の解体時に大量の温室効果ガスが発生するため、この観点からは慎重に検討すべき面もあります。また、無尽蔵に空中を使ってよいものでもありません。ただし、日本には東京や大阪、福岡という、世界でも類まれな魅力あふれる都市があり、その都市の潜在能力を最大限に活かせば、国の新たな負債に頼らず民間資本による再開発も可能です。もし今後も大規模な施設や開発を実施する際には、長期的な視点と、地域や地区に対して責任をもって取り組むことが重要であると考えます。ひとたび建設した施設は可能な限り長く大事に使うべきです。

また、もし樹木や緑地を一時的に減少させて建設する場合には、計画前を上回る自然や

築30年が経過し緑あふれるアクロス福岡

生態を創出すべきと考えます。私は計画の推進により、一時的に樹木や緑地が減ることは仕方がないことと考えます。重要なのは20年あるいは30年経過した段階で、緑あふれる空間になっているかどうかです。良い事例としては福岡のアクロス福岡があります。築30年が経過した、緑あふれる素晴らしい施設です。アクロス福岡では、建設時に植えた樹木の本数よりも、現在の樹木の本数のほうが多いとのことです。花が咲き実がなり、その種子が自然に芽を出しているのです。

このような緑あふれるビルが各地に建てられるようになれば、日本の都市風景は一変するはずです。再開発を推進する企業体には、このような中長期的な視点をもってもらいたいと考えています。

不動産トランスフォーメーションの概念と各取り組みをまとめた一覧を示します。空間の改革と経営的改革の実践事例は、これ以外にもたくさんあります。それぞれのトランスフォーメーションの例を考えてもらえれば幸いです。都心だけでなく地域や地方にもヒントは多いと思います。

また、この取り組みには担い手が欠かせません。大都市における再開発においては、大手デベロッパーや電鉄会社などが担い手といえます。街区や都市の再生を担っていますが、その中核の資金は自身で調達していて、一部のインフラ施設への助成制度以外は税金を必要としていません。建築ストックの活用や街区活性化においては多額の資金を必要とする大規模な開発ではなく、最小限の投資と運用の工夫で資産価値を維持しています。こちらは大企業ではなく、地場の企業や組合、あるいはボランティア組織が担い手となっています。

すでに、地域や地方都市で新しい街づくりや地域振興を推進する担い手を、支援する制

不動産トランスフォーメーションの概念と各取り組み

これまでの不動産戦略

●不動産証券化	J-REIT・不動産ファンド成長
●企業不動産(CRE)戦略	オフバランス
●公共不動産(PRE)戦略	指定管理・PFI　施設統廃合
●再開発	延べ床20万㎡から30万㎡
●推進主体	公共・デベロッパー・再開発組合

空間の改革 × 経営の改革 ＝ 不動産トランスフォーメーション

●空間の変革

延べ床50万㎡以上の再開発　都市再生特別地区・戦略特区など活用
公共施設の再生・再構築(税金を投入しない)
ゼロエナジービル(ZEB)　大型大物流施設　大型データセンター

●経営母体変革(公民連携)

空港・美術館・博物館・病院・高速道路・公園などの民営化
PFI・指定管理に加えサウンディングなど多彩

●ビジネスモデル変革

会員制シェアオフィス　時間単位であらゆる空間をネットで

●既存ストック活用

超築古(50年以上)の利活用　全国団地再生　公共施設長寿命化

●DX活用

クラウド　BIM　AI活用

●推進主体

デベロッパー・あらゆる企業・都市再生推進法人・
まちづくり会社・社団・財団NPO法人

度は数多く始動しています。民間の団体が公共施設の整備を推進できる都市再生特別措置法に基づく都市再生推進法人制度、公園や街並みの景観づくり活動を各自治体で認定するまちづくり団体登録制度、地域再生法に基づく地域再生推進法人などが制度化されています。また、ボランティア活動を推進する従来のＮＰＯ法人やまちづくり協議会なども重要です。ハードウェアとしての不動産を改革するには、それを担う組織やソフトウェアの充実が不可欠と考えます。

企業でも組織でも個人でも取り組めるチャンスがあるのが、このトランスフォーメーションの特色といえるのです。

本書を参考にして、新たな不動産トランスフォーメーションを考案してくれる人が続くこと、その結果として将来世代にとって豊かな日本を残せることを、何よりも期待します。

おわりに

私が不動産トランスフォーメーションを思いつくきっかけとなったのは、建築物の維持管理に関する研究でした。起業後の30代半ばに社会人枠で大学院に入り、建物の寿命研究の第一人者である早稲田大学建築学科の小松幸夫教授（現同大学名誉教授）の研究室に所属しました。

先生の指導のもと、学生の皆さんとともに建物の実態調査に取り組みました。首都圏や大阪などの大都市を中心に、築年数と取り壊されている建物数の関係を調べ上げていったのです。その結果明らかになったのが、築40年程度のいわゆる「耐用年数」を超えていながらも、使い続けられている建物の多さです。耐用年数を超えているからといって壊された建物は、実際には全体の5％ぐらいにとどまります。

しかし、耐用年数を超えると無価値だと誤解され、メンテナンスをきちんとされなくなります。その結果建物は古びていき、結果的に使われなくなっていく……これは「マイナス」のスパイラルです。

ところが建築物の構造そのものを考えれば、たいていの建物が１００年以上は実用できます。であるなら利用する側がマインドチェンジすれば、現状を覆せるのではないか、仮に築40年を超えていたとしてもメンテナンスやリフォームを加えて再生すれば、新たな価値を生み出す可能性があるのではないか、実現できれば「マイナス」のスパイラルを「プラス」に逆転できるはずだ、と考えを膨らませていったのです。この逆転の発想が不動産トランスフォーメーションの原点です。

また、不動産クラウドサービスを提供するなかでも大きなヒントをもらいました。プロパティデータバンクの不動産クラウドは合計で10万棟の建物で利用されていますが、すべて不動産ストックとして最大限有効活用されています。古い施設を大いに活躍させるためにクラウドを活用しているのです。無駄な不動産は一つもなく、賃貸事業・公共サービス・企業活動に活用されています。

このように、新たな視点に加えて、自治体や国の財政をバランスシートに基づいて分析する視点も持ち込み、研究を進めていきました。建物の寿命とバランスシートを判断の基軸としたうえで、全国各地の実態をつぶさに調べていったのです。その過程で不動産トランスフォーメーションを進めるためにもう一つの不可欠な要素、担い手の存在が浮かび上がってきました。

古い建物をリニューアルしたとして、その担い手はどうなっているのか、その財源はどうするのかといった調査を重ねていくうちに、各都市、各地域で新たな担い手の方が登場し、活躍していることを知りました。

今後に期待したいのは、本書を読んだ人が、新たな不動産トランスフォーメーションのアイデアやビジネスモデルを思いつき、その事業化を進めるという動きです。事業推進のためには、組織や団体の組成がまず重要と考えます。私のように新たに会社を起業する方法もあると思いますが、所属している企業や組織のなかでチームを組成してもよいと思います。不動産トランスフォーメーションにより新たな顧客に新たな価値を創造すれば、必ず対価を得られる、すなわちビジネスとして成立します。

日本の不動産資産における建物の価値を適正に評価すれば、日本の資産は現状の評価価値をはるかに超える可能性があります。これは国富であり、バランスシートで考えれば立派な利益、国民に還元できる価値なのです。

その価値を誰のために残すのか、それはこれからの日本を担ってくれる若い世代の人たちのためです。

今私たちが考え方を変えて不動産トランスフォーメーションを進めていけば、日本の未来は変わるのです。

次世代に負担を残すのではなく、次世代に資産を残す。

そのための不動産トランスフォーメーションが、本書をきっかけとして広がっていけば、これに勝る喜びはありません。

板谷敏正（いたや としまさ）

1989年、清水建設株式会社入社。エンジニアリング事業部門にて活躍後、2000年に社内起業家公募制度を活用しプロパティデータバンク株式会社を設立、代表取締役に就任（現在に至る）。不動産管理向けクラウドサービス「@property（アットプロパティ）」を開発・リリース。創業当初よりDXとサブスクリプションモデルを徹底し、不動産の資産管理における業務効率化を推進。2018年、東京証券取引所マザーズ市場（現グロース市場）上場。社業のかたわら企業不動産や不動産経営に関する研究を継続。2010年には早稲田大学より博士号を取得。学術・ビジネス両面から不動産経営を追求する。2021年より株式会社丹青社取締役、2023年より早稲田大学大学院客員教授を兼任。

本書についての
ご意見・ご感想はコチラ

不動産トランスフォーメーション

2024年7月29日　第1刷発行

著　者　　板谷敏正
発行人　　久保田貴幸

発行元　　株式会社 幻冬舎メディアコンサルティング
〒151-0051　東京都渋谷区千駄ヶ谷4-9-7
電話　03-5411-6440（編集）

発売元　　株式会社 幻冬舎
〒151-0051　東京都渋谷区千駄ヶ谷4-9-7
電話　03-5411-6222（営業）

印刷・製本　中央精版印刷株式会社
装　丁　　秋庭祐貴

検印廃止

Printed in Japan
ISBN 978-4-344-94807-5 C0034
幻冬舎メディアコンサルティングＨＰ
https://www.gentosha-mc.com/